Voyá

Y² 711.

LES VOYAGES DE GLANTZBY
DANS
LES MERS ORIENTALES de la Tartarie:

AVEC

LES AVANTURES surprenantes des Rois Loriman & Osmundar, Princes Orientaux; traduits de l'Original Danois;

ET LA CARTE DE CE PAYIS.

A PARIS,
Chez THEODORE LE GRAS, grande Salle du Palais, à l'L couronnée.

M. DCCXXIX.
Avec Approbation & Privilege du Roi.

AVERTISSEMENT.

L'Ouvrage qu'on donne au Public a été trouvé à la mort d'un Miniſtre d'un Souverain perſecuté de la fortune dans ces derniers tems : l'Auteur étoit ſujet de ce Prince, il avoit dépoſé ces Memoires en mourant entre ſes mains, pour qu'il pût tirer parti des Payis qu'il avoit découverts, lorſqu'il ſeroit rétabli par le ſecours d'une grande Puiſſance, qui protégeoit ſon Maître, & qui paroît le protéger en-

AVERTISSEMENT.

core. Ces découvertes pourront devenir avec le tems un objet considérable pour les Européens.

CARTE DE L'EMPIRE DE
NORREOS et du Royaume D'ARRIMOND.

Cercle Polaire

Lamachat

Tarbnie

Lesage

Arrimond R.

Edarglo

Muetz Norbeti

Notibet Norreos

EMP. DE NORREOS

Province du Roi

IAPON
Yedo

LES
VOYAGES
DE
GLANTZBY
DANS
LES MERS ORIENTALES
de la Tartarie.

 Uoique les Relations que je donne au Public soient d'un païs bien éloigné de celui de ma naissance, je ne parlerai cependant point de ce qui m'est arrivé depuis Copenhague jus-

A

ques au Cap de Bonne-Esperance, où je trouvai un Vaisseau de Nation amie, qui avoit ordre de ses superieurs, d'aller à la découverte d'un nouveau Continent par delà le Japon : la curiosité étant le seul but de mon voiage, & ne tenant par aucun engagement au Vaisseau de ma nation, je crus que je trouverois plus d'occasions de la satisfaire, si je me joignois avec ces Avanturiers.

La connoissance que j'avois deja des Indes Orientales & Occidentales, me fit souhaiter par ces gens là : je possedois d'ailleurs la science de la Medecine & l'art de la Chirurgie, non moins que celui de la Guerre, autant qu'un service de vingt ans peut rendre capable un Officier qui s'attache de bon cœur à faire son devoir : ma proposition plut au Capitaine du Vaisseau, & à tout l'équipage : je fis mes conditions, & mis à la voile avec mes nouveaux camarades; il ne nous arriva rien digne de remarque par tout le trajet connu jusqu'à la hauteur du Japon.

Ce fut dans ces Mers que nous eumes un combat très-vif à soutenir contre plusieurs Navires Japonois. L'Empereur ne permet pas qu'on navigue sur ces côtes: nous fumes fatiguez, & peutêtre aurions-nous succombé, si une nuit très-obscure, & un grain des plus violens qui dura plus de deux heures, ne nous eût séparé: pas un de nous n'étoit alors en état de penser à autre chose qu'à prendre du repos; nous ne sçavions où nous étions: on vogua à petites voiles au gré du vent pour réparer nos forces, afin de prendre un conseil plus conforme à la raison, que nous ne l'aurions pû faire dans la confusion. L'équipage étoit, à la fatigue près, sain & sauf, nous ne manquions d'aucuns rafraichissemens, on en avoit pris dans differens Ports des Indes, j'étois charmé de me trouver avec de si braves gens, dont je venois d'experimenter la valeur dans le combat contre les Japonois; mais j'eus lieu de faire de tristes reflexions, m'étant apperçu que les Officiers & Matelots dégoûtez du voiage, avoient résolu de se faire Forbans, & de courir les Mers d'Amerique. Le changement qui parut sur mon visage, découvrit ce qui se passoit dans mon cœur : ils connurent que je ne serois point de leur sentiment, & que je n'embrasserois ce genre de vie qu'avec peine : je m'étois cependant attiré de la considération parmi eux, ce qui fit que je n'en reçus, pour ainsi dire, aucun mauvais traitement. Nous découvrîmes une terre, on mit chaloupe en mer; je fus des premiers à me mettre dedans avec mon fufil, & ma gibeciere, une bouteille d'eau de vie à ma poche, je fortis de la chaloupe avec empreffement : je n'eus pas plutôt mis pied à terre, que le Matelot qui étoit le plus près de moi aiant pofé fa rame dans le fable, comme s'il avoit voulu fauter, s'en fervit au contraire pour éloigner la chaloupe : on me dit adieu du chapeau. Je tombai de mon haut par un faififfement dont je ne fus pas le maître; je me recommandai à Dieu, & lui rendis graces d'être féparé de ces furieux, avec lefquels ma mort étoit inévitable. Ceux du Vaiffeau émus de compaffion ; envoierent le canot à terre à une grande diftance de moi, avec quelques confitures, du beurre, du bifcuit, du pain, du bœuf salé, mon coffre en entier, une provision de poudre, &c. Ils mirent un guenillon au dessus d'un arbre, puis retournerent au Vaisseau, que je vis mettre à la voile. Je m'acheminai où je voiois le linge; la journée étoit belle, je la passai en rêvant sur ma destinée; comme j'avois pris mon parti, qui étoit de supporter mes maux avec patience, mon premier soin fut de chercher de l'eau: j'en trouvai qui n'étoit pas excellente, peu éloignée du lieu où j'étois.

Je ne m'attacherai point à vous faire ici une relation de la vie que j'ai menée. Accoutumé dès longtems à faire valoir tout ce qui peut servir lorsqu'on relâche faute de provisions, je passai trois mois comme je pus, m'aidant de mon fusil, & de toute mon industrie: j'eus le bonheur d'être toujours en santé: je ne bougeai point mon coffre de la place où on l'avoit mis ; je laiſſai une chemiſe pendue au même arbre où mes infideles compagnons avoient mis le linge ; j'avois un preſſentiment que cette chemiſe me ſauveroit la vie. Le climat où je me trouvois étoit doux : une ſimple cabane, comme on fait lorſqu'on eſt à la pipée, me ſervit de maiſon ; je conſommai très-peu de poudre ; j'attrapai differentes ſortes d'oiſeaux avec une eſpece de glu, dont j'enduiſis des vergettes ; ce glu provenoit d'une poiſine qui découloit de certains arbres ; elle n'étoit pas rare ; je ne l'épargnois pas ; j'avois tout le tems pendant que les oiſeaux ſe débattoient d'en aſſommer aſſez ; il en échapoit plus que je n'en prenois ; je n'ai jamais vû d'animal à quatre pieds dans cette Iſle hors des Lezards, qui étoient familiers avec moi, qui me regar-

A iiij

doient fixement : on aura peut-être de la peine à me croire, mais j'étois de si bonne humeur que je m'habillois quelquefois comme si j'avois dû paroître dans les bonnes compagnies d'Europe. Je suis Botaniste, un peu Chimiste, Anatomiste, en un mot un homme curieux des secrets de la nature, peu de chose m'amusoit. Il ne plut point pendant mon séjour sur cette terre ; lorsque j'étois en habit galonné, les Lezards me regardoient en plus grand nombre, & avec plus d'attention, les femelles me rendoient visite avec leurs petits sur leur dos ; j'attachois mon miroir à mon coffre, ces pauvres bêtes passoient & repassoient souvent pour se mirer ; je tirois avantage de tout ce qui pouvoit m'amuser dans ce lieu tranquile ; je m'estimois fort heureux de n'avoir point de Singes pour compagnons, je les craignois plus que toutes les autres bêtes, parceque ces animaux m'auroient dévalisé en très-peu de tems : je doute qu'on en puiſſe élever ſans qu'ils donnent des marques de leur malice ; je n'en ai jamais vû de bons. Je vivois dans une très-grande ſécurité, ſans chercher à pénetrer bien avant dans les terres ; j'avois du phoſphore brulant dans une petite bouteille, qui n'étoit pas tout-à-fait pleine d'eau ; lorſqu'elle étoit droite, elle donnoit de la clarté pendant la nuit ; je n'étois point inquiet, & dormois ſans craindre l'ennemi ; il ſembloit que les Lezards me reſpectoient ſans me craindre ; je priois Dieu de bon cœur, comparant la douceur de mon ſort à la ſituation d'un priſonnier d'Etat ; je le trouvois infiniment plus heureux, puiſque je jouiſſois d'une douce liberté, & de la lumiere.

Me promenant un jour après avoir fait la sieste, je ne vis plus ma chemise ; il me prit d'abord un frisson ; mais après m'être armé de résolution, je pris ma petite bouteille de phosphore, mon fusil, ma gibeciere, je m'en fus du côté où je l'avois mise, j'apperçus un bâteau de joncs, & trois hommes vêtus de robes, qui me voiant demeurerent sans me parler : je leur fis signe de venir à moi, ils vinrent, m'engageant à leur tour d'aller dans leur bâteau : ils avoient apporté avec eux d'une espece de brouet dont nous mangeames ensemble : je les menai à mon coffre, d'où je tirai du ratafia, qu'ils trouverent bon : j'examinai leurs yeux & leur contenance, je n'y vis rien qui ne me parut docile. Ces bonnes gens prirent mon coffre, j'entrai avec eux dans leur bâteau, ils ramerent de bonne grace, & mirent ensuite à la voile, que je disposai mieux qu'ils n'auroient fait, dont ils parurent joieux. La nuit s'approchant, je n'étois pas sans inquiétude, & sans me repentir d'avoir quitté ma solitude pour m'exposer dans un bâteau de jonc sans sçavoir où j'allois : je vis enfin paroître une terre qui n'étoit séparée de celle que j'avois quittée, que par un bras de mer, où il y avoit des courans terribles, & d'où il sortoit un bruit épouvantable : je vis une fumée d'eau à une certaine distance, ce qui me fit croire que c'étoit un gouffre ; ces bonnes gens ne cessèrent de me montrer cette fumée : il se peut que le Vaisseau sur lequel j'étois venu y avoit péri. Nous abordames une heure dans la nuit : je tirai un coup de fusil, qui fit peur à mes camarades, & à moi grand plaisir, persuadé que j'aurois l'avantage sur eux, puisqu'ils ne connoissoient pas la poudre; mon fusil étoit double: ils me regardoient avec respect. Je pendis ma bouteille de phosphore lumineux à mon col, ils furent extraordinairement surpris, & s'en seroient enfuis, si je n'avois tenu le plus jeune par la main, tant pour lui témoigner de l'amitié, que de peur qu'il m'échapât, m'étant trouvé d'autres fois en ma vie où les Européens ont éprouvé la perfidie des Indiens. A mille pas environ du bord de la mer est un bourg assez bien bâti : j'entrai dans une maison dont mes amis fermerent exactement la porte sur eux, cependant sans serrure. Deux femmes vinrent me baiser les pieds : on se mit en devoir de manger sans parler : mon inquiétude fut si je me livrerois au sommeil, faisant réflexion que si je passois cette nuit sans dormir, je ferois extrémement accablé le lendemain. Je me couchai sur un tas de nattes fort propres, & m'endormis, mon fusil entre mes bras: il étoit grand jour que je n'étois pas éveillé, je vis que mon coffre étoit dans la maison: j'en tirai mes meilleurs habits pour me vêtir; je m'armai de deux pistolets de poche, de ma gibeciere, de mon fusil double & de ma bayonette; je priai Dieu, je bus un coup de ratafia, j'en donnai à mon hôte, & sortis avec lui. Dès que je fus dehors, j'apperçus un nombre innombrable de peuple; je marchai à eux en bonne contenance, la foule s'ouvrit, je me mis à l'ombre sous un grand arbre dans une place : on fit un cercle autour de moi & de mon hôte : on auroit entendu voler une mouche : je conçus dès ce moment que ce peuple n'avoit point de voix; je me confirma dans cette idée par les signes qu'ils se faisoient les uns aux autres. Je voulus voir s'ils entendoient, je tirai un flageolet de ma poche, & jouai quelques airs ; les signes redoublerent, & aiant joué un air plaintif, j'entendis naziller tout le peuple, Nhi. Nho. tâchant de m'imiter dans ma musique, ils danserent assez tristement : jamais on ne vit tant de mauvais danseurs ensemble. Il parut deux hommes vénérables, qui me firent des inclinations de tête jusqu'à terre, & s'assirent devant moi en me regardant. Un moment après on apporta de quoi manger, & à boire : ils me presenterent de differentes bouillies, & de differens fruits; je ne touchai qu'aux choses dont ils usoient : j'avois grande attention aux mouvemens de leurs yeux, je n'y vis rien qui dénotât de la mauvaise volonté contre moi. Après

DE GLANTZBY.

que nous eumes aſſez mangé, un des deux Vénérables fit un ſigne, on ſaiſit un jeune homme, on lui tira les bras de ſa robe, on les lui coula le long du corps, on lui envelopa les pieds dedans ſa robe, qui étoit fort longue, enſuite on le lia comme un enfant au maillot. Les Vieillards aiant fait un autre ſigne, le peuple ſe ſépara comme en deux bataillons; on porta cet homme ainſi lié à trente pas de nous, & après pluſieurs nazillemens, une porte d'un bâtiment qui paroiſſoit aſſez conſidérable, s'ouvrit, d'où il ſortit un ſerpent de plus de trente pieds de long, qui ſe traîna gravement ſans ſe preſſer juſqu'à ſa proie: il ouvrit une gueule effroiable, & goba le miſérable par les pieds d'une gueulée juſques aux genoux, puis en ſe retournant & faiſant divers mouvemens, il avalloit toujours davantage: je compris, malgré la fraieur que j'avois, qu'il le goberoit tout entier. Etant un peu revenu de ma peur, je vis qu'il n'avoit point d'écailles pardessous le ventre, & que l'avaloir étant plein, il ne pouvoit nuire. Les plaintes du misérable me toucherent : je conçus que c'étoit un sacrifice, & qu'on pourroit me sacrifier par la suite de même. Tout autre genre de mort m'étant préférable, je mis une poignée de grenaille dans mon fusil, outre ce qu'il y avoit déja : je marchai comme si j'avois voulu regarder le monstre de plus près, je lui lâchai un coup où je crus que pouvoit être le cœur, je le blessai si mortellement qu'il fit des bonds & des sauts, enlevant le pauvre corps, qu'il dégorgea à la fin. Ce fut alors que je lui tirai mon second coup dans la gueule, & par la tête ; il ne fut plus en état

de

de remuer que depuis la blessure en bas. Je courus au misérable, je coupai les liens; il n'étoit pas beaucoup blessé; le peuple s'enfuit, je restai seul avec lui. Il vint enfin un homme se jetter à mes pieds; je jugeai que c'étoit le pere du misérable, car il le mit sur ses épaules, & l'emporta. Aiant rechargé mon fusil sans que personne m'approchât, je fus à la maison du serpent, que je trouvai fort belle, tapissée de nattes toutes dorées. Je reconnus par là que c'étoit le Dieu du païs. Je mis le feu aux nattes, le bâtiment fut embrâsé. Je fis cela pour me faire craindre, & pour donner du mépris à ce peuple du faux Dieu. Les deux Vieillards m'aiant rejoint, se prosternerent devant moi; je tins bonne contenance, & les embrassai. On voulut me mener dans une grande maison. Je retournai où j'avois passé la nuit, où je reçûs celui que j'avois délivré, son pere, & les trois qui m'avoient amené. On m'apporta plus de vivres qu'il n'en auroit falu pour nourrir cent hommes : j'étois respecté comme un Dieu ; lorsque quelqu'un se prosternoit devant moi, je faisois signe que c'étoit en haut qu'il faloit s'adresser, en joignant les mains. Je fis mon possible pour leur faire craindre le Dieu du Ciel. Le misérable que j'avois sauvé tomba malade, quoique je lui eusse fait avaler de la thériaque; la fiévre le prit, je le saignai en présence des Vénérables, elle diminua, il guérit : tout le peuple joignoit les mains en me regardant. Je fus persuadé que j'étois parmi de bonnes gens, ce qui me tranquilisa : mon phosphore qui éclairoit la nuit sur ma poitrine, me faisoit respecter aussi. Ma sobrieté les étonnoit, car ce peuple mange beaucoup. J'appris en peu de tems à mes quatre domestiques à rôtir, & à faire des bouillons, ainsi j'étois à mon aise : il n'y avoit que les Notables qui pussent obtenir de mes restes. Si je voiois des visages pâles, je leur faisois donner du bouillon ; ils étoient beaucoup mieux par la créance qu'ils avoient de devenir comme moi en se nourrissant de ce que je mangeois.

Lorsque je me vis bien craint & bien aimé, je ne portai plus mon fusil, me contentant de mes pistolets de poche, de ma baionette, & d'un long bâton, au bout duquel elle pouvoit s'ajuster. Je vêcus très-heureusement pendant six mois avec ce peuple. Mon bonheur fut troublé par l'arrivée de six hommes, qui avoient une grande moustache d'un côté seulement ; ils étoient suivis d'autres avec des cordes sur des chevaux : je n'en avois pas encore vû en ce païs-là. Tout le bourg s'émut, la plufpart pleuroient : en moins de deux heures de tems, ces gens lierent une centaine de jeunes gens, comme on fait ici les galériens, & les firent marcher, me faifant des menaces. Je fis figne aux Vieillards de les fuivre, & que j'irois avec eux : ils s'y réfolurent, avec le même fang froid que je leur avois toujours vû. Je connus à cette manœuvre que ce peuple étoit fans colere, & un véritable troupeau de moutons. Ils furent fuivis de plufieurs autres, qui apporterent des provifions après nous. Nous campions en corps féparez. Je connus au bout de trois jours de marche, que j'étois dans un autre païs, & parmi un peuple different, où il n'y avoit plus la même innocence. Je me repentois quelquefois d'avoir quitté l'autre contrée ; mais je pensois que plus j'approcherois d'un peuple qui eût de la malice, plutôt aussi je pourrois tomber en païs de connoissance ; d'ailleurs la compagnie de ces muets commençoit à me déplaire. Enfin nous arrivames dans une Ville peu differente des Villes de Pologne : elle me parut grande. Je m'étois attiré en chemin la consideration de mes ennemis mêmes. Dès que nous fumes arrivez dans une place, je vis des gens de marque : je ne doutai plus que ce ne fût le Roi ou le Gouverneur du païs qui nous attendoit. Cette nation étoit habillée de grandes robes de soie; elle étoit armée d'un arc, & de flêches. On presenta à ce Roi les jeunes gens qu'on avoit amenez, il ordonna qu'on les déliât, puis il parla aux Vénérables du peuple. Je compris qu'il leur reprocha d'avoir laissé tuer leur Dieu.

Ils lui firent entendre que ce n'étoit pas de leur consentement: ils lui conterent mes prouesses; que j'étois bienfaisant, que je guerissois les malades: cela surprit le Roi, & sa Cour. L'on fit approcher une belle fille, magnifiquement habillée, qu'on me présenta, qui étoit fort pâle. Le Roi me demanda par signes si je la guérirois bien, je répondis que oui, & qu'elle étoit pleine de vers. Sur le champ je lui fis prendre quelque chose, elle rendit trente-cinq gros vers. Je fis entendre au Roi que c'étoit leurs Dieux malins qui leur communiquoient ces maux, qu'il les faloit tous tuer, après quoi tout son Roiaume en seroit exempt. Il fremit à ma proposition. On servit à manger, je vis que ceux qu'on avoit déliez étoient esclaves du Roi: ceux qui me servoient étoient du même païs. Après avoir mangé, on saifit un des nouveaux venus, que l'on expofa tout nud : je vis bien de quoi il étoit queftion. L'on ouvrit la porte d'un Temple, il en fortit un ferpent furieux, & plus grand que celui du bourg des muets. Il avançoit d'une grande gayeté. Je n'attendis pas qu'il gobât le miférable, je lui donnai un bon coup de fufil dans la gorge ; je redoublai du fecond canon ; je l'ajuftai fi bien, qu'il ne put rien faire que de fe débattre. Un des Prêtres de ce Dieu me décocha une flêche, qui donna contre la croffe de mon fufil, & fe caffa. Je lui courus fus avec mon piftolet de poche, je lui brûlai la cervelle. Après ce coup tout s'enfuit hors le Roi, & fa Cour, qui vint à moi d'un air content : les muets ne me craignoient point ; ils fe rangerent autour de moi. Il me tendit la main, je lui donnai la mienne.

J'allai avec mes muets mettre le feu à ce Temple, d'où je sortis la nuit étant tout lumineux par le moien de mon phosphore, qui commença à éclairer sur ma poitrine. Je couchai à la belle étoile, ne voulant entrer dans aucune maison. Je vis bien que je n'avois rien à craindre, par la contenance des muets & du peuple, mais je ne dormis que peu ou point de la nuit. Le matin on se vint prosterner devant moi, je présentai la main aux principaux : je vis paroître plusieurs malades, j'en saignai quelques-uns, & donnai de l'émetique aux autres : tous se trouverent mieux. Je pris enfin logement au Palais dans un quartier fort propre. J'allois par tout avec le Roi, & sa malade, que j'avois guéri des vers, qui se portoit mieux de jour en jour. Elle voulut toujours coucher dans ma chambre. Je lui faisois prendre des

des bouillons qui la guérirent entiérement. Elle auroit pu passer pour une belle personne par tout le païs : elle me baisoit les mains. Je conçus enfin tant d'amour pour elle, qu'il ne m'étoit plus possible de lui cacher. On m'avoit offert plusieurs fois aussi bien qu'au païs des muets, de très-belles filles, j'avois toujours témoigné de la répugnance. Le Roi vit avec plaisir que je parusse avoir de l'amitié pour celle-là : c'étoit sa parente. Il me la donna d'une maniere assez singuliere. Un jour que j'étois sur le balcon de son Palais, après avoir harangué son peuple, il embrassa cette fille les larmes aux yeux : il fit apporter un fil de soie : on nous lia les deux mains, pendant que tout le peuple battoit des leurs, hors un seul que j'apperçus qui frappoit des pieds contre terre : c'étoit comme le Capitaine des Gardes. L'aiant

C

fait remarquer au Roi, il le fit jetter du balcon en bas. Je courus à son secours, il s'étoit fendu la tête, & démis le poignet. Je le lui remis, & lui fis un bandage. Après l'avoir pansé, je fis entendre au Roi qu'il ne falloit tuer que des serpens. Le peuple fut touché de mon bon cœur. En peu de jours ce blessé fut guéri, & il me fut toujours fidele. Je lui fis donner une très jolie femme, dont il me parut être content. J'appris le François à ma Princesse : je jugeai à propos de lui apprendre cette langue plutôt qu'une autre : nous nous entendions à merveille. Je me rendis très-sçavant dans la science des signes. Quoique le Roi ait de grands revenus, ainsi que j'en jugeois par les richesses qui arrivoient au Palais, il étoit très sobre, très modeste, & d'un naturel fort doux ; il faisoit distribuer aux vieillards, aux nécessiteux toutes sortes de secours. Il donne audience de deux jours l'un. Tous ses sujets se presentent devant lui à genoux, les hommes premierement, ensuite les femmes. Ses Officiers ne peuvent faire tort à personne. Je jugeai que ses Etats devoient être grands, par la difference des habillemens de ceux qui venoient à l'audience. Lorsque je sortois, j'avois une grosse suite : mon occupation consistoit à faire differens remedes de simples pour soulager les malades : ma cassette de remedes d'Europe diminuoit. Les Prêtres du serpent guérissoient les malades avant mon arrivée, en faisant avaler de sa fiente, & en l'appliquant exterieurement : c'étoit tout ce qu'ils sçavoient : d'ennemis qu'ils étoient, ils devinrent mes amis : ils s'attacherent à comprendre mes compositions ; j'en fis de fort bons garçons apoticaires. Je ne manquois pas d'occupation, & Dieu beniſſoit mon travail. Comme j'avois de tout à ſouhait, je ne penſois pas à rien amaſſer pour moi : j'avois perdu toute idée de ſortir de ce païs-là : j'aimois la femme à qui je m'étois donné : elle me ſervoit d'interprete; je mangeois avec le Roi; je me ſervois de ſes chevaux : il n'y avoit point de difference ſur la maniere dont j'étois ſervi. Aucuns des muets qui m'avoient ſuivi, ne voulurent s'en retourner : le Roi leur aſſigna une ſubſiſtance. Je me proſternois tous les matins les mains jointes, ceux qui étoient avec moi faiſoient de même ; mais il me fut impoſſible de faire comprendre les myſteres de ma Religion à ma femme : elle faiſoit le ſigne de la Croix, le peuple auſſi : nul ne m'approchoit qui ne le fit. C'eſt le païs des bonnes mœurs; le Roi prêche d'exemple; tous ses plaisirs sont moderez. Les jours qu'il ne donne pas audience, il va à la chasse : comme il abonde en gibier, on prend ce qu'il faut pour la bouche du Roi, le surplus se distribue aux habitans des terres où on a chassé : il y a des gens préposez pour cela. Les sujets sont gardes de chasses eux-mêmes : il arrive tous les jours des députez des Provinces pour prier le Roi d'y aller : en son absence les Gouverneurs chassent aussi, distribuant le gibier aux habitans, après en avoir pris ce qu'il leur en faut pour la Cour, s'ils sont assez près pour l'envoier. Les environs de la Capitale sont toujours bien fournis, on y apporte de toutes sortes de bêtes vivantes des Provinces, même des oiseaux : le Roi se divertit à les faire nourir un certain tems, & leur donne la liberté. L'équipage de ce Prince pour la chasse est des plus lestes. Le Roi se plaît avec sa Cour sous des tentes dans des lieux délicieux, personne ne le sçait que les Chasseurs & les Ministres. Les peuples à l'envi les uns des autres, portent à manger au Roi, & à sa suite, ou leur donne du gibier. En reconnoissance il donne audience par tout où il a chassé deux jours. Les Officiers de Justice viennent avec le peuple. Le Roi distribue ses ordres à ses Ministres, qui les rendent aux Officiers des Provinces. Tout le monde est constant. Ce peuple est bon de son naturel, paisible ; il aime son Roi & ses Ministres, qu'il regarde comme ses peres. Le Roi avoit déja fait six fois le tour de son Roiaume en chassant. Les tributs se portent à la Capitale. Les voiages du Prince dans les Provinces, réjouissent les peuples, parce qu'ils font bonne chere, & que leurs procès sont jugez, & leurs griefs redreſſez. Les Gouverneurs font des tournées auſſi dans les Provinces à peu près de même, principalement lorſqu'on ſçait que le Roi n'y peut pas aller. La muſique eſt du goût de cette nation ; leur inſtrument favori eſt un carillon ſur des pieces de bois mêlées d'autres de métail, qui rendent un ſon très-harmonieux : à force de me tourmenter j'appris à jouer deſſus, pluſieurs de nos vaux-de-ville : l'on s'appliqua à les imiter. Je n'avois pour tout inſtrument d'Europe qu'un flageolet. J'appris à ma femme à en jouer ; elle y réuſſit parfaitement. Je mis enſuite de toutes ſortes d'oiſeaux en cage ; j'en eus de cinq eſpeces qui apprirent pluſieurs airs. Enfin un matin que le Roi donna audience, je fis porter mes cages avant le lever du ſoleil ſous ſa tente, qu'on dreſſe à cet effet ſur la place. Le Prince approchant, on ouvrit la tente, que j'avois tenue bien fermée: l'on auroit dit que ces oiseaux sçavoient mon intention: ils entonnerent tous les mêmes airs que j'avois accoûtumé de leur faire chanter. Le peuple fut en admiration, & le Roi d'une gaieté surprenante: je n'ai jamais goûté tant de plaisir. Le Roi donna audience devant sa tente; les oiseaux continuerent leurs ramages: on les laissa pour réjouir le peuple, qui dansa tant que la lumiere dura. Je n'étois pas né pour passer ma vie en repos. Je jouissois de cette tranquilité depuis plus de deux ans, lorsqu'il arriva à la Cour un Ambassadeur qui effraia le peuple. Il étoit suivi de trente personnes de très-bonne mine, aiant tous la moustache du côté droit, au lieu que les peuples de Notibet (c'est ainsi que se nomme le païs où j'étois) la portent du côté gauche. Le Roi étoit triste. J'appris par ma femme que le Roi de Norreos l'envoioit pour me demander, sur le recit qui lui avoit été fait de mes talens. Il ne demandoit que ma personne pour tribut de l'année. L'Ambassadeur avoit ordre de lui déclarer la guerre, si je ne partois sur le champ. Ce Prince étoit déja sur les frontieres avec une armée qui attendoit la réponse, prêt à entrer si on me refusoit. Le Roi de Notiber n'étoit pas de la force de celui de Norreos. Ce Prince m'aimoit tendrement: dès qu'il en reçut la nouvelle, il disposa toutes choses pour se défendre plutôt que de me perdre. Je parlai au Roi en particulier, & lui dis que puisque celui de Norreos me souhaitoit, qu'il devoit tirer avantage de ma personne; que je ne voulois pas être cause de la ruine de ses sujets; que je ne craignois que le Dieu du Ciel; que je le priois de me dire par quelle raison ce Roi vouloit m'avoir, il me répondit que c'étoit à cause que je guérissois les malades, dont on lui avoit fait un recit si amplifié, qu'on lui avoit rapporté qu'il n'étoit mort personne dans la Capitale depuis mon arrivée; cePrince étant vieux, vouloit à toute force que je fusse à lui. Il m'assura qu'il exposeroit tout de son côté pour me conserver. Je lui representai qu'il devoit proposer à l'Ambassadeur d'écrire à sonMaître qu'il donnât un ôtage, pour qu'après que j'aurois été quelque tems chez lui, je pusse revenir. La proposition lui plut, & l'Ambassadeur offrit de rester en ôtage. Le Roi de Notibet résolut de m'accompagner en chassant, jusques sur la frontiere. L'on envoia un courier au Roi de Norreos : il accepta l'offre. Je partis suivi de tout le peuple les larmes aux yeux, avec tout ce qui m'appartenoit. Je demandai d'avoir mes fideles muets, le Roi me l'accorda. Après six grands jours de marche nous arrivames sur le bord d'une riviere, elle étoit toute couverte de peuples; & de l'autre côté, des tentes magnifiques, & tout l'appareil d'une grande armée. Il étoit tard, on fit de grands feux des deux côtez de l'eau ; & après quelques allées & venues, il fut résolu que les deux Rois se verroient sur un petit terrein qui étoit découvert au milieu de la riviere. Je m'équipai de mes habits d'Europe, pris mon coffre, & quelques autres choses précieuses. Je passai l'eau accompagné du Roi, de ses Ministres, & de ma femme. Le Roi de Norreos s'avança de son côté ; tous les deux se firent bien des amitiez; je fus échangé contre l'Ambassadeur; je n'avois que des muets à ma suite, le Roi de Notibet pleuroit, & je n'étois point gai. Dès que je fus de l'autre côté de l'eau l'on me fit monter sur un chariot si magnifique, que je n'en oserois faire la description de peur de passer pour fabuleux. Je reconnus qu'en avançant je me trouvois avec des peuples civilisez, mais dont la phisionomie ne me paroissoit pas si douce : ils avoient de la férocité dans les yeux. Je précédois le Roi dans sa marche, entre lui & ses femmes, qui étoient dans des especes de cages couvertes d'étoffes. Je laissai la mienne à découvert, elle attiroit les regards de ce peuple ; elle étoit effectivement belle ; je n'en avois point eu encore d'enfans : j'en étois bien aise, parce que mon sort me paroissoit très-incertain. Mes muets me servoient de gardes; le Roi le leur avoit ordonné, de peur qu'on ne m'approchât de trop près, ou qu'on ne me prît quelque chose, car ce peuple est larron. Lorsque nous arrivames à la premiere Ville, tous les Bonzes vinrent au-devant du Roi; ils me regarderent, ce me sembloit, d'un œil d'envie & de colere. J'ai toujours eu de l'antipatie pour ces gens-là. Dès le soir même on m'amena un homme qui s'étoit démis l'épaule; je le fis tenir fortement, & la remis en sa place en présence du Roi, qui en parut être très-joieux. Ce Prince conservoit beaucoup de majesté, il avoit l'air moins feroce que son peuple. J'appris qu'il étoit né d'une femme qu'on avoit trouvé au bord de la mer en pamoison. Je fus mené dans un Temple le lendemain de mon arrivée, où il y avoit une très-vilaine figure dans une niche dorée, que je reconnus être celle qu'on revere dans les païs où le grand Lama est respecté. Des lunettes d'approche d'Europe étoient attachées contre le mur, & un sac au haut de l'édifice, qu'on me fit entendre qui contenoit des choses ausquelles on n'oseroit toucher sans mourir. J'y trouvai aussi deux vieux mousquets. Mais ce qui me fit plaisir, c'est que je vis des croix dans le mur en differens endroits : je me persuadai qu'elles n'avoient pas été gravées sans dessein.

Je demandai au Roi qu'il me permît de voir ce qu'il y avoit dans ce sac, où personne n'osoit toucher, non plus qu'à la lunette d'approche. Il me le permit avec peine ; mais ma femme l'en pria si fort, qu'il y consentit malgré les Bonzes. Je pris la lunette d'approche, elle étoit de six pieds ; je l'ajustai, & nettoiai les verres. J'y fis regarder le Roi, les Bonzes, ma femme, & les principaux de la Cour. Ce Prince fut d'une surprise extrême; il m'embrassa. Chacun vouloit que je visse alors ce qui étoit dans le sac; mais je fis dire au Roi par ma femme que je sçavois déja ce qu'il y avoit, que nous le verrions après que tout le monde seroit retiré. Le Prince y consentit. On apporta à manger à l'ombre des arbres qui sont devant le Temple. La garde écarta le peuple. Le Roi fit publier qu'il resteroit deux jours en ce lieu, que l'armée n'avoit qu'à se reposer. On me tendit une tente. Le Roi n'aiant pas voulu loger dans une maison de la ville, il aima mieux passer ces deux jours sous ces arbres avec ses femmes. Cette place étoit entourée d'eau remplie de poissons qui servoient de nourriture aux Bonzes, qui ne mangeoient jamais de chair d'aucuns animaux. Mes muets en firent cuire à ma mode, que le

Roi & les Bonzes trouverent fort bons.

Après le dîné je rentrai dans le Temple ; j'en tirai la lunette d'approche, & les deux mousquets. Je fis descendre le sac, je l'ouvris, j'y trouvai un paquet de mêche, un compas de mer, un barril de poudre à canon de plus de trente livres, & un billet en Hollandois, qui portoit : „ Chré- „ tien, si tu passes par ici, sers toi, „ si tu peux, de ces choses pour „ sauver ta vie, & pour faire pé- „ rir ces Idolâtres, qui ont massa- „ cré soixante Holandois en l'an- „ née 1602, n'aiant conservé que „ moi, malheureuse Christine „ d'Arlem, pour servir aux plai- „ sirs infames de ces Prêtres de „ Satan : venge-moi, & si Dieu „ me fait misericorde, je le prie- „ rai pour toi après ma mort. „ Dans le mur est un précieux trésor derriere la grande croix. Je pris

pris le papier, la mêche, & le compas. J'ouvris le barril avec grande précaution, la poudre n'étoit pas toute bonne: j'en pris une portion, la composition ne m'en étoit pas inconnue. Je fis donner un coup de marteau dans le mur au lieu marqué, je trouvai l'Ecriture sainte du vieux & nouveau Testament, une bourse contenant de l'or, & quelques vieux diamans brutes. Je gardai le livre, je donnai l'or & les diamans au Roi. Il me les rendit, en me disant qu'ils m'appartenoient, puisque j'avois sçu les trouver. Le Roi m'aiant demandé ce que c'étoit que ce livre, je lui dis que c'étoit un écrit qui m'apprenoit qui avoient été les bourreaux de sa mere, qui vivroit encore sans eux, & qu'elle me demandoit que je vengeasse sa mort. Le Roi fut très-surpris; il me raconta alors par le moien de ma femme, ce qu'il avoit appris de sa naissance, & conclut qu'il voudroit bien pouvoir venger sa mort. Je lui fis comprendre qu'il n'y avoit rien de si aisé, pourvû qu'il ordonnât aux Bonzes de passer la nuit en prieres enfermez dans le Temple, & qu'avant le matin il verroit toute la race de ceux qui avoient fait mourir sa mere, périr entre ciel & terre, que c'étoit ce que le livre me marquoit. Il ordonna aux Bonzes de se mettre en prieres pendant la nuit, après que j'y aurois fait la mienne tout seul auparavant avec ma femme. Ce fut une occasion de lui faire comprendre l'immortalité de l'ame, tout cela lui paroissant merveilleux. Ce Prince ordonna de me laisser seul dans le Temple : j'ordonnai à ma femme de rester à la porte pour m'avertir si quelqu'un vouloit entrer. Je cachai le baril de poudre dessous la niche de l'Idole, après avoir mis dedans un morceau de mon phosphore dans du papier mouillé, & rempli le sac de terre, bien persuadé qu'on n'oseroit y regarder. Je dis au Roi qu'il étoit tems de faire mettre les Bonzes en prieres, & de décamper, laissant une garde à quelque distance de la porte, afin qu'aucun Bonze n'en pût sortir que par son ordre, lorsque l'ame de sa mere m'auroit dit qu'elle étoit contente.

Le tout fut executé ainsi que je le souhaitai. J'avois mis le phosphore dans plusieurs doubles de papier mouillé : je connoissois l'effet de cette drogue, & sçavois qu'à moins de deux heures le feu prendroit à la poudre, que les Prêtres seroient étouffez, & peut-être le Temple emporté. Pendant ce tems-là, je parus en priere écarté avec mes muets. Le Temple fut enflammé ; comme il étoit de structure legere couvert de feuilles, il ne sauta point : j'en fus d'autant plus aise, que la garde n'eut point de mal ; mais pas un Bonze n'échapa, ils furent tous grillez, & la statue ou idole perdue. Le Roi avoit averti ses confidens que l'ame de sa mere devoit se venger de ceux qui l'avoient mise à mort.

Dès que le Temple fut brûlé, je dis au Roi d'approcher, qu'il n'y avoit rien à craindre, que les coupables étoient punis ; que le feu du Ciel étoit tombé sur eux, les avoit embrasez. On savoit que la mere du Roi avoit été perdue ; les Bonzes avoient publié que c'étoit une sorciere, qui s'en étoit retournée à son païs, on le croioit; mais l'on changea de these : ce que j'en publiai fut cru. Je fis faire une grande Croix, que je plantai sur la place où étoit le Temple ; en disant au Roi que si jamais aucuns Bonzes vouloient rebâtir audit lieu, qu'ils périroient tous comme les précédens, parce que le lieu étoit saint. J'y fis ma priere, mes muets se prosternerent, & firent force signes de Croix, le peuple les imita, pas un n'osoit y demeurer. J'assurai cependant que tout le monde pouvoit y entrer, pourvû qu'on priât Dieu qui avoit fait le Ciel & la Terre, & qu'on pouvoit manger du poisson en toute seureté, qu'il n'appartenoit qu'au Roi. Ce Prince fit partir un courier pour sa Capitale, afin qu'il fut fait des réjouissances, comme dans les plus grands événemens. Il envoia une rélation de la maniere surprenante dont l'ame de sa mere avoit été vengée : les Bonzes furent très-mortifiez, & ne prirent que peu de part à la joie publique. On avoit distribué l'armée par differentes routes, & le Roi n'avoit pas plus de mille hommes avec lui, compris une troupe de chaſſeurs & de cuiſiniers, qui devançoient notre marche : on trouvoit de tout à ſouhait, tant pour la table du Roi que pour la ſuite ; les viandes étoient prêtes à être rôties, ou bouillies, & pluſieurs mets étoient déja apprêtez.

L'écrit que j'avois trouvé dans le Temple des Bonzes m'avoit fait quelque peur, je ne mangeai d'aucune viande que je ne l'euſſe tuée moi-même : je ſuis ſobre de mon naturel, peu de choſe me ſuffiſoit, & j'étois fort ſur mes gardes de quelque tour des Bonzes : bien m'en prit ; car étant arrivé dans une grande Ville où le Palais tenoit au Temple des Bonzes, & moi logé auprès, ils avoient réſolu de me faire périr en mettant le feu à mon quartier, afin de me tuer ſous prétexte de me ſecourir. La porte du Palais où je logeois donnoit tout contre le Temple: on cria au feu pendant la nuit; les Bonzes étoient sur le toit du Temple sous prétexte de le conserver, mais ils avoient de très-grosses pierres pour m'assommer quand je sortirois. Je me doutois que le feu venoit de leur malice; j'étois tout habillé, je vis les Bonzes sur le toit qui jetterent une grosse pierre sur deux de mes muets, qui sortirent de la porte; l'un d'entre eux commandoit aux autres. Je l'ajustai si bien avec mon fusil, qu'il fut tué, & du second coup celui qui avoit jetté la pierre; les autres furent effraiez, ils quitterent la place, & crurent que c'étoit encore l'ame de la mere du Roi qui les suivoit. Le peuple vint à mon secours; j'ordonnai à mes muets d'emporter mes remedes, & mes habits que je tenois toujours en volumes très portatifs. Le vent se tourna si vivement que le feu de ma maison embrafa le toit du Temple, qui brûla fans qu'aucun Bonze ofât monter deffus pour le fecourir. Je me plaignis au Roi de la perfidie des Bonzes : il y avoit des témoins de ce qu'ils avoient voulu faire. Je pris occafion de dire au Roi, que je ne craignois rien pour moi, mais pour fes fujets & pour mes remedes; que je ne lui ferois plus d'aucune utilité s'ils étoient brûlez, qu'il valoit mieux me renvoier au Roiaume de Notibet. Le Roi fut tranfporté de colere contre eux, il vouloit les faire exterrminer, mais je m'y oppofai. Je le fuppliai feulement de défendre aux Bonzes de fortir de leurs maifons lorfque je ferois avec lui, parce qu'ils périroient tous infailliblement : ils croioient eux-mêmes que la foudre avoit frappé ceux qui furent tuez le jour du feu. Nous partimes de cette

cette Ville ; je priai le Roi de trouver bon que je logeasse sous une tente, il ne me le voulut pas accorder, & me retint au plus près de lui.

Il y avoit une quantité prodigieuse de malades qui vouloient suivre le Roi. Je guérissois assez heureusement par la saignée & l'émetique, & par des bouillons, qu'on aprenoit à faire dans toutes les Villes avec des herbes purgatives. La maladie regnante de ces contrées étoit les vers, & les fiévres : j'avois un specifique du païs même pour les deux : mes muets en distribuoient à tout le monde : ceux d'entre les malades qui pouvoient suivre étoient traitez avec plus de soin, ces muets les pansoient déja fort bien, & avoient acquis des connoissances depuis deux ans qu'ils étoient avec moi.

Le Roi établit des especes

d'Hôpitaux dans sa Capitale, il faisoit fournir au besoin des malades. Ce Prince est puissamment riche, on peut dire qu'il l'est trop. Ses peuples sont heureux, ils vont chercher l'or dans une contrée du Roiaume fort éloignée : il est défendu au Roi par les loix de l'Etat d'y aller, parce que le passage y est très-dangereux : comme c'est le seul métail du païs, il est très-commun, mais ils n'ont pas le secret de le rafiner. Je montrai aux deux Peuples à le purifier, peu à peu ils se perfectionnerent. Ce Prince donne aussi audience à ses sujets : il a des conseils dont il ne se sert point, dirigeant tout avec un seul Ministre principal. Il a quitté ses Conseils, parce que les premiers Bonzes avoient le droit de Conseillers d'Etat, ou l'équivalent de cette dignité parmi nous; il aime cependant ceux qui sont les plus pieux & les plus sobres; peutêtre se sert-il aussi de leurs avis; mais afin de ne leur donner aucune jalousie, il les met au pair des autres. Ce Prince est fort religieux & de bonnes mœurs, se divertissant moderement à la chasse, & plus souvent avec son Ministre, qui a 80 ans, fort & vigoureux, qui parle toutes les langues du Continent: il a beaucoup d'or que les Princes voisins n'ont point de leur cru: ses troupes sont en assez petit nombre. Malgré tant de perfections, on lui trouve à redire bien des choses, parce que ses Prédécesseurs étoient moins séveres à faire observer la justice. Il a reprimé l'insolence des Bonzes, & des Grands. Le peuple jouit de son bien en paix: s'il y avoit des arts brillants comme dans notre Europe, nul païs ne sçauroit égaler celui-là, car tout y est bon; mais le peuple est mauvais, enclin au vol, aux assasfinats, luxurieux & avare, pareſſeux & d'un naturel de ſinge dans les geſtes & dans les actions, jaloux au ſuprême degré, adonné à toute ſorte de vices : ce peuple ne merite pas un ſi bon Roi : la pareſſe le rend ignorant ; pluſieurs nations apportent de leur travail contre l'or des habitans : cette abondance de métail les rend fainéans : la bonté du Roi, qui ne les charge pas d'impôts, y contribue encore : partie des Etrangers qui leur apportent leurs beſoins en ſont accablez, vivant chez eux dans de mauvais climats, où l'nduſtrie ſeule les ſoutient ; ils ſont cependant plus heureux que cette nation ſi riche : le commerce leur fournit abondamment de tout, ils ne ſe refuſent rien de tout ce qui peut flater le goût & le plaiſir des ſens ; les paſſions brutales les dominent moins, elles ſont la ſuite ordinaire de la paresse & de la fainéantise.

Ce Prince étoit curieux de tout ce que je lui racontai des autres païs : je lui fis connoître que j'étois un homme très-ordinaire, que je pourrois rendre ses sujets aussi habiles que moi, s'ils le vouloient ; mais la paresse est un terrible obstacle au bien : le Roi les connoissoit, & ne les estimoit pas.

Suivant les loix de l'Etat la Reine, ou premiere femme du Roi grosse, étoit obligée d'accoucher dans le Temple des Bonzes, à quelques lieues de la Capitale. On prétend dans le païs que rarement l'enfant mâle qu'elle mettoit au monde, étoit celui qui paroissoit aux yeux du public, mais plutôt quelque enfant de Bonze : Il est notoire à la Chine ; cela a été prouvé plusieurs fois, qu'il y a des appartemens souterrains où ces faux Religieux gardent des femmes communes à tous. Le bruit du païs est, que ce Roi étoit fils d'une Etrangere trouvée sur le bord de la mer, qui étoit vraisemblablement celle qui avoit mis le billet dans le sac où fut trouvé le baril de poudre: sa phisionomie le dénotoit; il ne ressembloit que très-peu aux naturels du païs, il avoit les inclinations differentes: quoi qu'il en soit, les véritables enfans des Bonzes deviennent Rois, & ceux des Rois sont élevez comme Bonzes: cela prouve jusques où peut être portée l'imposture sous le masque du service divin.

Je pressois fort le Roi de me laisser retourner dans le Roiaume de Notibet. Déja trois ans s'étoient passez, lorsqu'on apprit que l'Ambassadeur qui étoit en ôtage pour moi étoit mort, le Roi de Notibet auſſi : ſon Roiaume fut remis à celui de Norreos, dont il étoit tributaire. Je n'eus plus d'envie d'y retourner, aiant d'ailleurs fait connoiſſance avec pluſieurs Négocians étrangers. Je compris par ce qu'ils me rapporterent des païs voiſins des leurs, que le Continent où j'étois communiquoit de bien près avec la grande Tartarie. Une lueur d'eſpérance de pouvoir rejoindre ma patrie me donnoit du courage : il ne faloit cependant pas croire que je le puſſe ſans quelque évenement extraordinaire. Je le ſouhaitois plus que je n'oſois l'eſperer ; j'avois de la peine d'accorder tout cela avec l'idée que je m'étois formée de la figure des terres. Je croiois que je n'avois pas mis le pied dans celles de Jeſſo ; il faloit cependant que j'en euſſe été bien près, lors de la tempête qui nous ſépara des Japonois avec qui nous avions combattu. J'étois surpris qu'aucun vaisseau n'eût fait la découverte du Continent où j'étois arrivé dans le bâteau de jonc pour entrer dans les terres des muets : il est vrai que faisant réflexion aux courans qui entrainoient les vaisseaux dans le détroit où j'entendis un si grand bruit, & vis une si grande fumée, je conclus que c'étoit-là le *non plus ultrà* des vaisseaux Européens, qui ne pouvoient gueres prendre d'autre route pour éviter les Gardes-côtes Japonois, qui ne souffrent pas qu'on aborde aux terres de Jesso : toutes ces réfléxions ensemble me fatiguoient l'esprit, & je ne dormois gueres, quoique j'eusse tout à souhait : je me voiois comme seul, & ne laissois pas malgré ma philosophie de craindre quelque retour de la part des Bonzes, qui ne sont pas moins racuniers que les Ecclesiastiques de mon païs; d'ailleurs

DE GLANTZBY. 57
j'étois riche, j'avois de l'or & des diamans assez pour contenter un très-grand Prince. C'est le véritable moien de n'être pas en repos, que d'avoir un trésor à garder; personne à la vérité ne me l'envioit où j'étois; mais je comparois mon état avec celui dont je pourois jouir en Europe avec tant de richesses. J'avois fourré mes gros diamans dans un pot d'onguent qui puoit très fort, persuadé que personne ne seroit curieux de voir le fond de ce pot; d'ailleurs mes remedes étoient choses sacrées où personne ne touchoit, chacun avoit interest à les conserver, les Bonzes mêmes; j'en avois guéri plusieurs par tout le Roiaume, ce qui faisoit que j'avois un parti parmi eux en ma faveur, qui m'avertissoit de tout ce qu'on disoit de desavantageux sur mon compte dans leurs maisons. Les uns soutenoient que

j'avois contribué à l'embrasement de leur Temple, les autres y faisoient voir de l'impossibilité dans cette rencontre. Je connoissois presque tout le Roiaume, & j'étois connu par tout: j'avois refusé tout ce qu'il y avoit de belle femme : on disoit que j'étois un homme d'une espece particuliere qui ne pouvoit produire d'enfans; qu'on sçavoit bien que lorsque j'étois nud, mon cœur éclairoit la nuit. Je faisois rarement paroître mon phosphore sur ma poitrine, je le conservai dans de l'eau, de peur qu'il ne diminuât trop : cela n'étoit plus nécessaire, on étoit persuadé que j'éclairois quand je voulois. On m'appella dans ce païs Glantzby, qui veut dire Porte-lumiere.

Ce Roiaume jouissoit de la paix depuis quinze ans & plus, lorsqu'elle fut troublée par une Nation du côté de la mer, sujette ou tributaire du Roi. Un Prince au Nord du Roiaume incita ces peuples à se rebeller, leur promettant du secours, & un Roi particulier : il prétendoit par là couper le passage au Roiaume de l'or.

Cette fâcheuse nouvelle vint à la Cour ; on fut fort consterné, d'autant qu'il étoit impossible de joindre cette Province sans défiler par une montagne où il y avoit un Fort qui dépendoit du Roiaume, d'où on descendoit dans celui de la Province par un degré très-étroit ; & audelà de ce Fort étoit un Pont sur un torrent affreux qui roulloit dans des précipices terribles : c'étoit le seul endroit par où on pouvoit pénétrer dans le plat païs. Les rebelles s'étoient déja saisis du Pont & du Fort d'en bas en deçà du torrent, on ne voioit pas comment il étoit possible de les déloger de là ; & supposé qu'on le pût, ils n'avoient qu'à couper le Pont, & se retirer de l'autre côté du torrent. Le Roi quoique vaillant étoit très-embarrassé, il ne pouvoit pas être par tout, parce que le Prince au Nord du Roiaume paroissoit avec une très grande armée. Comme il y avoit longtems qu'il faisoit la guerre à ses voisins, les troupes étoient aguerries, & celles du Roiaume fort peu, mais elles étoient plus nombreuses. Le Roi m'aiant informé des faits, & de toutes choses, je lui conseillai d'envoier un Ambassadeur à son ennemi, ou à celui qui paroissoit vouloir le devenir, afin de sçavoir quelles étoient ses prétentions, & que quelques exorbitantes qu'elles fussent il fist semblant de vouloir les accepter, pendant que je m'offrois d'aller regagner le Fort que les rebelles avoient pris, seulement accompagné d'une centaine d'hommes de ceux que je croiois m'être les plus affidez, pour les avoir guéris de diverses maladies, le priant de faire avancer des troupes de distance en distance, afin qu'elles pussent se joindre en cas de besoin. Le Roi trouva que j'avois raison en tout, excepté qu'il ne comprenoit point comme je ferois pour emporter le Fort, où il y avoit une garnison de rebelles considérable. On fit partir l'Ambassadeur, & le gros de l'armée le suivoit, les meilleurs Généraux à la tête. Le Roi resta dans un quartier à portée de me secourir, & l'armée suivant le besoin. La frontiere du côté du Nord ne craignoit rien, la riviere étoit large & profonde, point de gué, elle répondoit autour de la Province rebellée qui se jettoit dedans; ainsi le Roiaume étoit fermé pour soutenir longtems par le nombre

des troupes qu'on pouvoit opposer à l'ennemi. J'avois fait depuis
que j'étois tranquile, un petit ma-
gazin de poudre avec mes muets,
j'en avois bien cent livres. Je ré-
vai longtems de quelle maniere
je m'y prendrai pour étourdir
les rebelles. Je ne pouvois pas
me former de grands objets par
le peu de poudre que j'avois, &
le peu de gens en qui je pusse me
confier ; mes muets même ne sçavoient pas que la poudre étoit la
matiere qui faisoit tant de choses
extraordinaires. Considérant que
la montagne étoit fort couverte
de bois, je pris des Charpentiers
avec moi, & j'appris quatre muets
à scier, à manier le persoir, puis
je pris congé du Roi avec la troupe qu'il me donna : tous étoient
contens de me suivre. Nous arrivames sur la montagne après cinq
jours de marche : je fis couper des
bois les plus noueux ; je fis faire

des troncs de quatre pieds ; je fis des trous d'un pied & demi plus ou moins, droits & de biais, un dans chaque tronc ; j'en fis couper trente ; je fis faire de longues chevilles comme des fondes creuses, de bois très-fort ; aiant rempli de poudre les trous de ces troncs, & forcé les chevilles dedans, je les fis porter dans le Château, qui dominoit le fort des rebelles, qui y étoient en si grand nombre qu'à peine la place pouvoit-elle les contenir ; puis par un beau clair de lune aiant amorcé les troncs avec des longues fusées bien garnies, j'en fis tirer une vingtaine de volantes en l'air, que j'avois préparées toutes à la fois, afin qu'elles tombassent de l'autre côté du torrent, partie sur le pont, partie dans la place; puis je fis rouler les troncs contre la porte du Fort : ils firent un effet admirable, tous les rebelles se jettoient en bas du Fort; les uns couroient sur le pont, pas un n'osoit le franchir à cause des fusées qui paroissoient tomber de l'autre côté. Je descendis alors la montagne avec mon monde, & fis sauter quelques troncs devant moi : on me suivoit, non sans crainte de la part de mes gens. Nous trouvames toutes les gardes abandonnées, les portes ouvertes; car partie avoient aussi voulu gagner la montagne de notre côté pour courir dans les bois. Mon principal soin fut de gagner l'autre bout du pont, & d'y faire un retranchement, pendant que je fis allumer des feux, ainsi que j'en étois convenu avec le Roi, pour l'avertir de venir en personne, afin d'abîmer l'ennemi, & le prendre par derriere en allant au devant de lui par la Province même des rebelles, qui crurent que j'étois avec une forte armée; ils reclamerent

reclamerent la clemence du Roi, qui fut promptement à mon secours. L'on ne tarda pas de marcher à l'ennemi, qui ne tint point, mais décampa. On le suivit jusques près de la Capitale, après avoir fait mourir les Chefs de la rebellion dans la Province. Il y en avoit de toutes sortes d'état, qui sans exception furent executez. Comme le Roi cherchoit moins à conquerir qu'à se maintenir, je lui conseillai de donner sa fille en mariage à ce Prince à demi vaincu, à condition qu'il donneroit sa premiere place de l'autre côté de la riviere en ôtage, & son fils aîné pour être élevé dans la Cour de Norreos. Ce Prince qui ne s'attendoit pas à tant de faveur, sortit lui-même pour venir au devant du Roi. La Princesse étoit belle, & presente, elle étoit à côté du Roi. On fit le mariage sur le champ. Ce qui m'obligea à en agir de la sorte, fut que nous étions bien maîtres de la plaine, mais point d'aucune place, & que ce Prince étoit guerrier. D'ailleurs j'entendois qu'on se mocquoit un peu trop ouvertement de la peur qu'avoient eu les rebelles de quelques troncs de bois qui avoient éclaté, parce que j'avois mis de ma substance lumineuse dedans, qui après tout ne pouvoit faire aucun mal, que je n'aurois pas toujours pû en fournir. Je compris qu'à la longue ces gens pourroient raisonner juste ; j'étois d'ailleurs persuadé que je ne pouvois pas longtems tenir la gageure, que j'aurois des peines considérables & des fâtigues à soutenir la gloire de Norreos, qui n'étoit pas préférable pour moi au bonheur de la paix, & de la tranquilité dont je pourois jouir. J'étois au reste très content de moi, & le Roi encore plus ;

l'ennemi de même, d'autant que je foulageois fon peuple comme ceux du Roi. Les deux Etats fe réunirent à merveille, & de bon cœur. Nous paſſames près de quatre mois dans la Souveraineté de Nortbety, c'eſt le nom de cette terre; l'air y eſt plus temperé en été qu'à Notibet & à Norreos. La Princeſſe ne ceſſoit de me remercier de lui avoir procuré un Prince aimable; & lui m'accabloit de careſſes. Je me voiois beaucoup plus heureux qu'auparavant : le génie de ce Prince guerrier me plaiſoit davantage que celui du Roi, qui étoit fort bon à la verité, mais trop froid, tenant du païs dont on croioit qu'étoit ſa mere. Ce gendre auroit paſſé par toute terre pour un très-aimable Prince. Il avoit été en differens païs: je l'entretenois de mes voiages: nous paſſions le tems enſemble agréablement. Le Roi voulut que son gendre le suivît à Norreos, parce qu'il lui étoit difficile de s'accoutumer à se passer de sa fille qu'il aimoit tendrement.

Le bruit de cette guerre & de cette paix se répandit fort au loin, & donna de la jalousie aux Rois voisins. On considéroit que si on laissoit ces Princes unis, que le gendre subjugueroit avec son génie guerrier les Nations voisines, étant aidé de l'or de Nortibet & de Norreos. Le Roi d'Arimond entre autres à qui cette Princesse avoit été promise en mariage, fut outré de cette alliance : il n'en fallut pas davantage pour lui aigrir l'esprit. Si le Roi de Norreos s'étoit presque soustrait de la puissance des Bonzes, le païs de Nortbety ne les respectoit guére non plus. Ce Prince aiant beaucoup voiagé, il avoit appris à connoître à fond leur politique, qui sous prétexte de ne rien vouloir, se rendoient maîtres de tout. Il n'aimoit point cette engeance. Je lui contai tout ce que je sçavois de la perfidie de ces Bonzes par toutes les Indes, & lui donnai une idée des Nations qui les méprisoient.

Il étoit charmé qu'on se preparât à lui faire la guerre, & aiant gagné le cœur du Roi son beaupere, il étoit sûr de ne pas manquer de troupes, parce que l'or étoit un appas, que plus on alloit du côté d'Occident, plus il étoit estimé ; comptant d'ailleurs sur mon secours, il esperoit faire trembler les ennemis jusques chez eux-mêmes. Nous travaillames à former de bons corps de troupes, peu nombreux, mais allertes & de bonne volonté : la jeunesse de Nortibet & de Norreos s'y portoit de bonne grace. Ce Roiaume changea de face en six mois de tems ; si bien qu'au mois de Mai, selon mon compte, il y avoit cinquante mille hommes de cavalerie, & plus de cent vingt mille hommes d'infanterie, tous volontaires, sans les garnisons, ausquelles on n'avoit rien touché; tout étoit de nouvelles troupes : celles de Norreos étant trop appesanties par une longue paix, on se contenta de prendre les meilleurs Officiers, laissant tous les vieux dans les garnisons. En continuant d'exercer ces troupes, nous les rendimes meilleures que celles des ennemis, qu'on sçavoit qui s'assembloient. Je fis faire des caisses à la mode d'Europe, leur son animoit les soldats, & les drapeaux rejouissoient la vûe du peuple.

Le Roiaume d'Arimond est le plus voisin de Nortbety : ces deux Souverains étoient de même âge, ils avoient voiagé en même tems. La satisfaction qu'avoit le Prince de Nortbety de posseder la plus belle Princesse du Continent, le rendoit très-fier, quoiqu'il ne méprisât pas son ennemi. Sa situation relevoit son courage, il attendoit patiemment qu'il lui déclarât la guerre. Son païs étoit séparé par une riviere, & une plaine de petite étendue de l'autre côté, avec une montagne qui lui appartenoit. Il fit construire un Fort sur cette montagne pour disputer vivement le terrein s'il étoit attaqué, demeurant au surplus tranquile en attendant son ennemi.

La Cour étoit campée à couvert de la riviere, & l'armée étoit autour de la montagne dans la plaine: il sembloit que c'étoit plûtôt une partie de plaisir, que la disposition d'une guerre. Le Roi de Norreos étoit vieux, sans héritiers que cette Princesse qu'il avoit donnée au Prince de Nortbety. Quoique ces Etats ne tombassent point en quenouille, & qu'au défaut de mâle on élût pour Roi un Seigneur du Païs, tous aimoient si fort le Prince gendre, qu'on ne pensoit point à lui disputer la succession. La Princesse accoucha d'un fils un jour qu'elle se promenoit sur un chariot magnifique pour voir l'armée : c'étoit ordinairement les Bonzes qui étoient presens aux accouchemens; ils étoient bien éloignez de celui-ci. Je pris l'enfant, je le levai, en criant à haute voix, Reconnoissez la faveur du Ciel, vous tous sujets de la Couronne de Norreos, il vous donne un Prince qui dominera toutes les Nations voisines ; c'est un digne héritier que vous devez reconnoître pour votre maître à venir ; & comme il est né dans l'armée, sa volonté est qu'il soit élevé par les femmes des Généraux, & que celle

celle qui aime le plus le Roi & sa patrie, lui donne son sein. Je savois qu'il y avoit une très-belle femme d'un Général qui étoit en état de le nourrir, son enfant étant assez grand pour être sevré ; le mari étoit present, il se jetta aux pieds du Roi, & dit, Grand Roi, ce sera la mienne, d'autant plus qu'elle est à la suite de la Princesse : elle suivoit effectivement dans un char. On la fit descendre, & elle monta dans celui de la Princesse. Ces chariots sont grands & couverts. Dès que la Princesse fut accommodée au mieux possible, elle voulut qu'on ouvrît les rideaux : il faisoit un très beau jour. On continua à lui faire voir l'armée, qui se prosternoit la face en terre par tout où la Princesse passoit. La joie fut inexprimable, & depuis lors on appella cet enfant, le jeune Roi de Norreos. Le Roi & le Prince m'embrasserent en particulier, me remercierent de ce que j'avois fait ; la considération pour moi augmenta. On avoit accoutumé de faire prendre aux enfans qui naissoient différentes drogues qu'on croioit saintes, je ne voulus pas qu'on lui donnât rien de vingt-quatre heures : moi seul en eus soin, & je répondis de sa vie au Roi & aux Dames : quand il en fut tems, je le donnai entre les mains de sa nourrisse. On fit venir les Bonzes en corps, afin de le reconnoître pour leur maître à venir. Ils parurent, & baiserent les pieds de l'enfant. Ils le demanderent au Roi pour l'élever dans le Temple suivant l'usage, mais il fut dit que la volonté du Ciel étoit qu'il fût élevé à la Cour, qu'à cause de cela il étoit né à l'armée. On lui forma une garde de trente jeunes hommes, dont dix étoient toujours armez de bout en sa présence sous les ordres du Général mari de la nourrisse. Le Prince qui sçavoit les tours des Bonzes dont nous avions parlé souvent ensemble, contribuoit à affermir ce que je faisois : la conservation de cet enfant lui importoit, parce qu'il pouvoit être un jour Souverain de Nortbety, si son fils venoit à mourir. Il déclara qu'il vouloit joindre à la garde de cet enfant, trente jeunes gens de Nortbety, sous le commandement de son fils même, qu'on avoit donné pour ôtage à la Cour de Norreos ; la proposition fut acceptée, & la précaution parut fort bonne. Les Bonzes seuls n'étoient pas contens, mais il falloit s'accommoder au tems ; car le tout se passoit à l'armée.

La Princesse repassa la riviere, le Prince resta à l'armée, le Roi de Norreos suivit la Princesse. Ce campement de la Cour devint bientôt une Ville, par les maisons à demeure qu'on y construisoit. J'avois fait tirer les rues du camp au cordeau. Je proposai aux deux Souverains de faire venir des sujets de la Province de l'or, de Nortibet, du Païs des Muets, afin qu'ils s'établissent dans ce lieu, où je conseillai au Roi de faire sa demeure, & de reculer de bâtir un Temple de Bonzes, sous prétexte que ce n'étoit qu'un campement ; mais de faire prosterner le peuple contre le Ciel, au lever & au coucher du Soleil, en donnant l'exemple lui-même. L'armée étoit déja sur ce pied : comme le Prince travailloit de concert avec moi, j'espérois détruire peu à peu les Bonzes, n'attendant que quelque événement extraordinaire qui donnât lieu de les faire exterminer : je me flatois qu'ils m'en fourniroient l'ocasion.

Nous apprenions tous les jours

qu'on faisoit des grands préparatifs contre nous, & qu'il devoit fondre une armée formidable sur la nôtre. Le Prince étoit d'une excellente humeur, je n'avois pas besoin de le rassurer: il comprenoit que plus forte l'armée seroit, plus elle s'ennuieroit devant nos retranchemens, & devant le Fort. J'avois fait construire des machines à la façon des Anciens, qui poussoient des traits, & jettoient des pierres. J'avois une grande envie de sçavoir où aboutissoit le Continent, je ne pouvois me former un sistême certain là-dessus, & j'étois résolu de faire valoir toute l'expérience que j'avois dans la guerre, & de mettre en œuvre tout ce que j'avois appris de celles des Anciens. Je doutois que les Nations qui viendroient nous attaquer en sçussent plus que nous. Quoique le Prince fût persuadé que c'étoient des Nations vaillantes & fort cruelles, il ne paroiſſoit juſques-là rien de la part de nos ennemis, ſi ce n'eſt une rupture entiere du commerce entre eux, & les ſujets de Nortbety, dont nous ne nous ſoucions guére. Un jour en me promenant je priai le Prince de me faire une rélation de ſes differens voiages, il commença l'Hiſtoire qui ſuit.

HISTOIRE DU PRINCE DE NORTBETY.

JE ſuis le plus jeune des enfans de mon pere, il y avoit ſi peu d'apparence que je puſſe être Souverain de cet Etat, que je m'étois réſolu de chercher fortune dans les païs les plus éloignez, plutôt que de vivre avec un frere dont l'humeur ne me revenoit point, qui devoit être un jour mon maître. Cette résolution étoit combattue par l'amour que je portois à la Princesse sœur de mon ennemi d'aujourd'hui. Cette passion avoit eu des suites, dont tout le fruit est mon fils que j'ai donné en ôtage au Roi de Norreos. La naissance de cet enfant fut si secrete, que personne n'en sçut rien, hors trois avec nous deux, dont l'une des trois se chargea de l'éducation du nouveau né. Cet événement augmentoit la rigueur de mon sort. L'adorable Princesse mere de cet enfant mourut peu de tems après ses couches, parce qu'elle n'avoit pas été soignée suivant sa condition. La maniere dont le tout se passa seroit trop longue à raporter, il vous suffira de sçavoir que je n'avois point de repos : je fis si bien que mon ennemi d'aujourd'hui prit goût pour le voiage comme moi. Il étoit à portée de se munir des choses nécessaires à une telle entreprise, parce qu'il faisoit la fonction de premier Trésorier du Roi son pere : il n'aima pas non plus son frere aîné. J'étois pour lors dans la Cour d'Arimond : on racontoit tant de choses merveilleuses d'un Sage des montagnes, que nous jugeames à propos de l'aller consulter sur le parti que nous avions à prendre : cela n'étoit point sans difficulté, car on ne pouvoit approcher de sa demeure dès qu'on étoit chargé de quelques crimes : nous ne pouvions y parvenir, parce que c'en étoit un à tous deux de quitter la Cour : j'avois encore à craindre, pour avoir eu commerce avec la Princesse défunte, sans le consentement de son pere. Le voiage jusques à cette montagne est de soi-même déja très-difficile, tant par son éloignement, que par la peine qu'on avoit d'y aborder : on n'y pouvoit arriver qu'après plusieurs jours de marche à pied ; la saison y étoit contraire, car nous ne pouvions en approcher qu'en hyver ; & ces montagnes sont si glissantes, que le pied de l'homme ne peut pas s'y fixer sans chanceler. On disoit que la puissance de ce Vieillard étoit si grande, qu'il pouvoit ouvrir le centre de la terre, même le Ciel, quand il vouloit, donnant aussi toutes sortes de facultez aux hommes, comme de changer de figure, de ton de voix, & de langage. Enfin on racontoit tant de choses de lui, que je brûlois d'envie, & le Prince d'Arimond aussi, de tenter l'avanture.

Après avoir fait plusieurs bonnes œuvres pour nous rendre le Ciel propice, comme d'assister les pauvres, & autres choses semblables, nous nous mimes en marche comme de simples particuliers, bien montez sur des jumens pleines, condition néceſſaire au dire du public : nous formames la réſolution de ne nous quitter qu'à la mort. La hauteur de ces montagnes épouvante les plus aſſurez, elles ſont toutes blanches, il en ſort des flâmes d'eſpace en eſpace, des torrens épouvantables coulent de différens vallons : le païs d'alentour eſt cependant bien peuplé. Nous n'oſions communiquer notre deſſein à perſonne, & à peine trouvions-nous des gens qui entendiſſent notre langage, quoique ſujets & vaſſaux du Roiaume d'Arimond. Nous apprimes pourtant par quelle vallée il y falloit entrer : nous primes le plus d'inſtruction que nous pumes du lieu de la demeure du Vieillard, & tentames la fortune, réſolus de périr ou de réuſſir dans notre dessein. Le soleil avoit déja deux fois fourni sa carriere, depuis que nous cheminions dans les montagnes par les passages qui nous paroissoient les plus praticables, sans que nous eussions rencontré personne à qui parler, lorsque nous arrivames près d'une très-belle source, où tout moien d'aller à cheval finissoit. Nous nous reposames en ce lieu ; nous eumes même de la peine à y aborder, car c'étoit un fond de quelques milliers de pas avec une verdure charmante, & plusieurs fruits sauvages. Ce lieu nous auroit paru beau, si nous avions pu suivre notre route : il ne se présentoit à nos yeux qu'une fente pleine d'épines, par où on put monter à pied. Comme nous nous reposions au clair de la lune auprès de la fontaine en raisonnant de nos affaires, ne pouvant dormir, nous vimes des animaux à quatre pieds qui perçoient ces épines pour venir boire, faisant mille sauts & gambades sur la verdure, sans s'éfraier de nos jumens qui paissoient. Je tirai une flêche, j'en abatis un, c'étoit une espece de chevreuil, il resta sur la place; & dès qu'il fut jour, nous en primes le meilleur pour en faire des grillades, & nous fimes rôtir ce qui restoit pour la provision du voiage. Nous fermames le passage par où nous étions entrez, afin que nos jumens ne pussent pas sortir : nous mîmes nos selles à couvert sous un rocher. Après avoir bien reposé, nous montames à travers les épines par la fente du rocher, il nous paroissoit que nous n'étions pas bien loin du haut de la montagne; à mesure que nous avancions, le passage devint plus aisé, la montagne nous parut toute en feu : vous pouvez juger de la fraieur que nous eumes ; cependant soit la fatigue, soit enchantement, nous dormimes jusqu'au jour : à mesure que le soleil se levoit, les flâmes & la fumée qui étoient autour de nous disparoissoient. Nous continuames notre route pour gagner le haut de la montagne, nous apperçumes de loin une ouverture dans le rocher comme une porte, à quoi se terminoit le petit terrein par lequel on pouvoit monter. Cette ouverture étoit fort haute, on trouvoit des pas dans le roc. Nous montames près de cinq heures de tems, le rocher distiloit de l'eau suffisamment pour nous défalterer, nous ne voïions le jour que par quelques fentes qui communiquoient la lumiere : de tems en tems notre inquiétude étoit extrême. Les forces étoient prêtes à nous manquer, lorsqu'une grande ouverture très-claire se fit voir à nos yeux : Nous rappellames le peu qui nous en restoit pour y arriver. Jamais surprise ne fut égale à la nôtre; car aiant passé cette ouverture, on découvroit un lieu délicieux, un Temple, & plusieurs maisons distribuées de distance en distance parmi des arbres chargez de toutes sortes de fruits, plusieurs animaux à quatre pieds, qui paissoient sans s'insulter les uns les autres aux bords des ruisseaux qui couloient de toutes parts; nous ne sçavions sur lesquels arrêter notre vûe, tant la diversité étoit grande, aussi bien que celle des oiseaux. Nous descendimes environ mille marches en tournant autour de la montagne, nous trouvames que le roc étoit coupé perpendiculairement, sans espérance de pouvoir aller plus loin; nous ne doutions plus que cet endroit délicieux ne fût la demeure du Sage. Nous primes le parti de nous reposer, nous mangeames le reste de notre petite provision, à peine y en avoit-il de quoi nous substanter. La joie & la crainte prenoient place tour à tour dans nos cœurs, & toute espérance étoit prête à s'évanouir, si nous n'avions apperçu deux personnes differentes des hommes de notre terre, vêtus de longues robes blanches, qui venoient à nous. Ils nous demanderent depuis l'autre côté du fossé, qui nous étions, & ce que nous voulions : la réponse fut courte. Un d'eux s'en retourna pendant que l'autre nous entretint du bonheur dont nous jouirions, si le Sage qui résidoit en ce lieu charmant vouloit nous y recevoir. La réponse fut favorable, un grand arbre nous prêta ses branches en se baissant par leur ordre depuis l'autre côté du fossé. On nous dit de nous y attacher, ce que nous fimes, les branches s'éleverent, nous descendimes de l'arbre, & nous prosternames devant les vêtus de blanc ; nous voulumes leur embrasser les genoux, nous ne trouvames rien dans nos bras : en mon particulier, je fus saisi de crainte, mais la douceur de la voix de ces personnages ou esprits bienheureux me rassura. Nous les suivimes au Temple, où nous ne vimes qu'un globe de feu en l'air sans être soutenu de rien : Nous étant jettez la face contre terre, pleurant de joie, le Sage parut avec une baguette à la main, & un grand livre dans l'autre ; lequel prenant la parole, nous dit : C'est par l'ordre du destin, Princes, que vous êtes arrivez jusques ici, faites une confession générale de toutes vos fautes, & n'en obmettez aucunes circonstances, sans quoi vous mourrez. Nous exécutames

exécutames ses ordres au plus près & au plus juste, & nous le conjurames de prier pour nous si nous obmettions quelque chose. Nous fumes reçus en grace, le Sage nous aiant touché de sa baguette, nous fumes fortifiez dans nos cœurs, dans nos membres. Il nous mena dans sa demeure, qui étoit dans l'endroit le plus solitaire de ceux qui entouroient le Temple. Après nous avoir fait manger des fruits admirables, & fait boire d'une liqueur divine, il prit la parole, & parla de la sorte.

" Princes, vous êtes destinez à « de grandes choses, vous êtes « à present très-unis, vous ne le « ferez pas toujours ; vous êtes « seuls avec moi vivans ici en chair « & en os, le reste des créatures « qui ont paru à vos yeux sont les « ames des grands personnages « qui attendent qu'il plaise au sou- «

» verain Etre de les appeler dans
» le repos éternel : C'est moi qui
» puis vous mettre en état de
» remplir vos desirs ; mais com-
» me le monde en général est
» très-corrompu, je veux que
» vous puissiez en prendre con-
» noissance, sans qu'il vous soit li-
» bre de pervertir vos mœurs ;
» votre ame va se séparer de vo-
» tre corps, & vous aurez la fa-
» cilité de tout voir, de tout en-
» tendre, sans que vous puissiez
» goûter des plaisirs, qui vous pri-
» veroient l'un & l'autre de jouir
» du bonheur éternel : venez avec
» moi dans le Temple. » Nous suivimes le Vieillard avec fermeté sans être ébranlez de son discours, puisqu'il tendoit à satisfaire notre curiosité ; il nous fit coucher chacun dans un cercueil ouvert, & me toucha le premier de sa baguette ; je sentis un frissonnement jusqu'au bout des on-

gles, & j'abandonnai mon corps, que le Vieillard ferma & scella, en aiant fait de même à mon ami, nous parumes comme les deux personnages qui étoient venus au devant de nous. Le Sage nous mit sous la conduite de deux esprits, auſquels il diſtribua des contrées à nous faire voir pendant 25 ans que devoit durer notre voiage ou notre pelerinage : mon ami devoit voir une autre partie du monde que moi. Je promis une obéiſſance & une ſoumiſſion parfaite à l'eſprit qui m'étoit donné pour compagnon : nous fendimes les airs du côté du Septentrion & des païs glacez : je reſſentois le chaud, le froid, la pluie, tout comme ſi j'avois été dans mon corps, excepté que je n'avois ni faim ni ſoif, ni ſommeil ; ſouvent nous nous promenions dans les forêts au bord des fontaines : l'Eſprit qui m'accompagnoit, qui me

H ij

dit s'appeller autrefois Zenut, ne voulut pas m'apprendre où il avoit vêcu. Nous fimes un très grand trajet sans trouver que differentes sortes d'animaux avec des poils herissez, & d'autres qui paroissoient avoir les peaux fort douces ; j'en conjecturois de même, parce que les premieres nations que nous vimes étoient couvertes des mêmes peaux : la neige étoit sur la terre. Nous descendimes dans une Ville capitale d'un grand Empire, où tous les peuples étoient occupez à boire des liqueurs qui les enivroient. Le Souverain étoit un grand Prince, mais cruel, il faisoit pendre ses sujets pour des bagatelles. Zenut m'exhortoit à ne jamais répandre le sang des miens mal-à-propos. Ce Prince étoit dépité d'avoir perdu plusieurs batailles contre le Roi Bleu : il se démenoit furieusement dans son appartement, maudissant son sort d'être Roi, & pour se consoler il faisoit venir de ses Conseillers avec lesquels il beuvoit. Je parcourus l'Empire des Forêts, je compris alors la prudence du Sage de la montagne de m'avoir privé de mon corps; j'entrois dans le plus interieur des maisons, je voiois tout le bon & tout le mauvais, sans pouvoir nuire à ce même corps; j'étois cependant sensible au froid, les chambres échauffées ne me déplaisoient pas ; je visitai celles de l'Empereur, de l'Impératrice, & de tous les Grands; j'allois aussi chez les bourgeois, mais j'étois susceptible de sentir les bonnes & les mauvaises odeurs ; j'avois cela de different de Zenut, qui étoit un esprit pur, exempt des foiblesses humaines ; lorsque je me plaignois, il me tiroit des lieux où je souffrois, me rendant aussi bien que lui visible ou invisible, toujours sans faire aucune peine aux humains, ni leur causer de fraieur. Nous prenions la figure des differens peuples où nous séjournions. L'ordre militaire de cet Empire me plaisoit beaucoup, il paroissoit que cette nation l'avoit apprise d'autres, dont la phisionomie ressembloit beaucoup à la vôtre, qui étoient aussi ivrognes que les sujets de cet Empire, & ne differoient en rien en brutalité à cet égard : il y avoit d'autres Etrangers qui n'étoient pas sujets à ce vice, mais plus adonnez aux femmes, à la compagnie desquelles ils se tenoient plûtôt qu'avec les hommes ; la crapule les rend incapables d'une douce societé : comme ces Etrangers étoient chefs des troupes, j'étois souvent à côté d'eux pour voir comme ils ordonnoient leur marche, & Zenut m'en montroit toute la science. Dès qu'on m'eut rapporté ce que vous aviez fait à la prise du Fort des rebelles, je ne doutai pas un moment que vous ne fussiez des mêmes peuples que j'avois vû dans mes voiages ; je respirois après le plaisir de vous connoître, j'étois prêt d'offrir la paix à quelle condition que ce fût pour vous joindre : je n'ai trouvé de difference entre vous & une nation insulaire que j'ai vûe, si ce n'est que vous n'êtes pas adonné aux boissons fortes, & que vous êtes lumineux la nuit lorsque vous voulez ; au surplus le feu dont vous faites usage m'est connu, & ses effets surprenans aussi. Zenut m'aiant fait voir tout l'Empire des Forêts, il me mena dans un Roiaume voisin, dont les peuples sont plus affables ; les premiers sont esclaves de l'Empereur, mais dans le Roiaume voisin ils le sont des Seigneurs particuliers ; le Roi n'est que comme le premier entre

eux : les femmes sont parfaitement belles, les hommes quoique fort adonnez à la table se plaisent auprès d'elles, & il est difficile de distinguer les femmes d'un chacun ; j'en ai trouvai en differens païs, tantôt avec les uns, tantôt avec d'autres. Zenut me faisoit des morales sur la maniere de vivre des peuples de ce Roiaume, dont le relâchement dans les bonnes mœurs attiroit des divisions continuelles, chacun cherchant des facultez pour satisfaire sa passion dominante. Zenut me faisoit distinguer les bons d'avec les mauvais, les bons étoient en plus petit nombre, mais parfaits. Les troupes de ce Roiaume marchoient sous les mêmes Généraux que celles de l'Empire des Forêts ; il y avoit cependant peu d'union entre elles, elles étoient très-mal disciplinées : le Roi n'étoit pas dans le Roiaume
pou

pour lors, parce qu'il avoit plusieurs Etats; les deux armées alliées étoient très-peu d'accord, ce qu'un Général vouloit, n'étoit pas du goût de l'autre. Zenut me faisoit comprendre le ridicule de cette conduite, pour que jamais je ne tombasse dans le même cas, lorsque j'aurois à me joindre à mes alliez. Après avoir consideré la vie luxurieuse qu'on menoit dans ce Roiaume, & qu'il me crut suffisamment instruit de tout, il fendit les airs avec moi, nous joignimes le lieu où se rassembloit l'armée ennemie de ces deux Couronnes; tout s'y passoit bien differemment: un ordre admirable y étoit observé, point de luxe, des Généraux sages & prudens qui ne pensoient qu'à remplir leur devoir, forts exacts à leur service, & très-attachez à leur Roi, qui étoit un jeune Monarque absolu, toujours victo-

I

rieux, qui prêchoit d'exemple à ses soldats par sa vigilance, son activité, sa sobrieté, & sa continence : on l'appelloit le Roi Bleu ; il avoit auprès de lui plusieurs Ambassadeurs de differens Rois qui lui faisoient la Cour ; mais autant qu'il étoit bien en Généraux, autant étoit-il mal en Ministres fideles ; les siens recevoient des présens de differens Ambassadeurs pour empêcher la rapidité des conquêtes de leur Maître. Zenut après m'avoir conté les perfections de ce grand Roi, me découvroit aussi ses défauts, qui n'auroient rien été s'il avoit eu un Ministre fidele : la fortune étoit favorable au Roi Bleu : elle vouloit, au dire de Zenut, le porter au plus haut point de la gloire, pour le faire tomber plus bas, non par sa faute, mais pour servir d'exemple : il m'assura qu'à son retour je verrois l'esprit de ce Roi dans la demeure du Sage.

Je fus present à trois combats qu'il donna à ses ennemis : c'étoit un Prince ferme, d'un sang froid, admirable dans l'action ; je contribuai au gain d'une bataille aiant pris sa figure, je me trouvai à la tête de differens bataillons où la partie étoit la plus foible ; ma présence ranimoit ceux qui étoient fatiguez, & les ennemis du Roi Bleu furent toujours vaincus, sans que ce Prince s'en orgueillît davantage. Il fit marcher ses troupes après tant de victoires dans les Etats particuliers de son ennemi, il y fit observer un très-bon ordre ; on auroit plutôt dit qu'il y étoit pour rafraichir son armée que comme vainqueur, par la politesse dont il en usoit envers lui, qu'il auroit pu dépouiller de tout : il se contenta d'établir un Roi sur partie de ses Etats.

Le Prince qui fut élu possedoit toutes les grandes qualitez qu'on peut désirer, non seulement en un Roi, mais dans l'homme de bien. Le sort de ce nouveau Roi devoit être heureux avec le tems, après qu'il auroit essuié des travaux & des peines qu'il auroit à supporter par son grand courage: la fortune lasse de le persecuter devoit aussi l'élever au plus haut point de gloire avant qu'il allât trouver le Roi Bleu dans la demeure du Sage de la montagne.

Zenut toujours attentif à m'instruire, m'apprit les raisons que le destin avoit de borner ses faveurs sur les humains, afin qu'ils ne se portassent point avec trop de fureur à satisfaire leurs passions, tant de l'esprit que du corps. Ces touches sont si nécessaires, me disoit il, que sans elles la malice de l'homme iroit jusqu'à détruire son espece même avant le tems prescrit par le Maître du globe de feu, qui tient son principal trône sur la terre dans le Temple de la montagne du Sage, où il veut donner une idée de sa pureté aux esprits qui sont déja dépouillez en partie de la corruption.

Tout ce que j'avois vû me faisoit comprendre combien les guerres étoient ruineuses pour tous les Etats, & pour les Souverains mêmes les plus heureux quoique victorieux.

Je passai après avoir quitté l'armée du Roi Bleu, dans differentes Cours voisines, où on n'attendoit qu'à profiter des momens du dérangement des affaires des parties qui étoient en guerre : quoique ces Princes eussent des alliances reciproques avec tous, ils étoient bien résolus de n'en tenir aucune dès qu'ils verroient lieu à faire leurs affaires.

Zenut qui me faisoit entrer dans tous les Conseils pour voir jusqu'où alloit la fourberie des hommes, la trahison des Ministres, & l'avidité du gain, même chez ceux qui avoient beaucoup au-delà de ce qu'il leur falloit, me dit que ces sortes de gens restoient errans après leur mort sur la terre, sans avoir aucun lieu où leur esprit pût se tranquiliser jusqu'à l'accomplissement des tems; que les vents mêmes les chassoient de la résidence du Sage, où les seuls esprits qui avoient été desinteressez pouvoient parvenir. Les plus grands Héros qui avoient joint l'avarice à l'envie de faire des conquêtes, étoient privez de cette demeure délicieuse, comme les moindres particuliers de la terre qui avoient exercé les professions les plus abjectes, parce qu'ils avoient borné leurs desirs dans des choses materielles & terrestres ; leurs esprits ne pouvant jamais être si bien dépouillez qu'ils pussent être élevez aussi haut que ceux qui avoient toujours eu des idées nobles, qu'ainsi qu'une partie de la fumée restoit en suye, de même il y auroit differens degrez dans les esprits plus ou moins épurez.

Le Prince remit à une autre fois la continuation de cette histoire, parce qu'il fut averti de l'arrivée d'un Hérault de l'ennemi qui souhaitoit de le voir, & lui remettre une lettre de la part du Roi d'Arimond. Le Prince s'étant placé au milieu de ses Généraux, on ouvrit les rideaux de sa tente, une figure gigantesque parut fierement devant lui, qui lui dit : » Osmundar Roi d'Arimond & Païs adjacens, jusqu'à « la mer où il pleut des glaces, Au « Prince de Nortbety, Salut. La «

» gloire éternelle & prosperité au
» Roi d'Arimond. Comme il au-
» roit été difficile à croire que toi
» Prince de Nortbery eusses pû
» manquer à ton serment, aussi
» l'aiant fait, tu es digne de ma
» colere; me ressouvenant cepen-
» dant de la liaison de nos Etats,
» si tu veux accepter le défi du
» combat entre toi & moi pour
» éviter de répandre le sang des
» hommes ausquels tu comman-
» des, qui seront dans peu mes
» sujets, je t'offre de laver tes
» fautes dans ton sang, quoique
» tu sois indigne de mourir par si
» noble main. »

Le Prince ordonna qu'on re-galât le Hérault, après lui avoir dit qu'un sien serviteur l'accom-pagneroit pour porter sa répon-se en Arimond. On l'arrêta un jour pour qu'il vît passer l'armée en revûe, dont il parut surpris. Le Prince lui fit donner un présent considérable, & le fit accompagner par un Capitaine des Gardes, qui eut ordre de proferer la réponse suivante quand il seroit devant son ennemi.» Le Prince « de Nortbety, gendre du Roi « de Norreos, Nortibet, & Païs « des Muets, Seigneur perpetuel « des Provinces dorées deçà & « delà la Mer; A toi Roi d'Ari- « mond, qui jadis fus mon ami, « & qui es indigne de l'être au- « jourd'hui, Salut & prosperité « à mes armes. Je ne dispute point « la noblesse de ton sang, j'au- « rois tort, puisque c'est le mê- « me qui se meut dans mon cœur, « qui offre comme un brasier ar- « dent des vœux au Créateur de « toutes choses, de la faveur de « qui j'attends gloire, prosperité « & victoire sur mes ennemis en « toutes sortes de combats, & en « toutes rencontres : Arunder « Capitaine de mes Gardes a ma «

» parole pour choisir avec toi en
» tel tems & en tel lieu que la
» bienséance permettra, une pla-
» ce de combat : c'est ce que j'ai
» à te faire sçavoir Roi d'Ari-
» mond. »

Les deux Hérauts partirent ; on cacha à la Princesse la venue de celui d'Arimond, parce qu'elle étoit grosse ; on préparoit toutes choses pour une belle défense en cas de rupture. Comme nous étions campez sur notre frontiere, il n'y avoit qu'un étang qui nous séparoit des terres d'Arimond, où il ne paroissoit encore point de troupes : cet étang étoit commun aux deux Etats, avec un terrein au milieu où la jeunesse des deux s'assembloit dans de certains jours, pour tirer des prix à coups de flêches. Le Hérault eut ordre de proposer ce lieu pour le combat ; le Roi d'Arimond l'accepta, & le jour fut marqué au Solstice d'Esté. Le jour venu, un détachement de chacune des deux armées parut deçà & delà de l'Etang; les deux Princes se rendirent sur le lieu, le Prince de Nortbety avoit une assurance qui lui prognostiquoit la victoire, on ne voioit rien de farouche dans ses yeux. Dès que le combat commença, le détachement de l'armée de Nortbety se prosterna un moment la face en terre, un silence parfait y regnoit, pendant que de l'autre côté on jettoit des cris affreux, que je ne sçaurois comparer à rien de raisonnable. Le combat fut court, mais vif; le Prince n'avoit pour toute arme qu'une javeline & une longue épée, il s'appuioit pendant qu'il agissoit de sa javeline sur le plombeau de son épée avec la main gauche: le Roi d'Arimond étoit armé d'un grand sabre, & d'une massue, il s'attendoit que le Prince lui lanceroit sa javeline, ce qu'il ne fit pas, se contentant de le tenir en respect avec. Enfin le Roi d'Arimond lassé d'une contenance aussi tranquille, lui jetta sa massue par la tête, qu'il eut le bonheur d'éviter, & de lui porter en même-tems un coup de javeline dessous l'oreille : le Prince lui offrit la paix pendant qu'il le tenoit en respect avec sa longue épée, & qu'il lui voioit perdre beaucoup de sang, tant qu'il en tomba en pâmoison : le Prince ne voulut prendre aucun avantage sur lui, il l'embrassa l'appellant tendrement son ami ; & me demandant à son secours, je fus bientôt auprès du blessé ; après lui avoir fait une incision, j'arrachai le fer de la javeline, & le pansai d'un baume précieux, je fis dresser une tente à la place même du combat : Le

Prince ne permit pas qu'on fist aucune réjouissance dans notre armée. La Princesse ignora long-tems cette victoire, ce ne fut qu'après que le Roi fut revenu à lui, & en état de paroître, qu'elle l'apprit. La modération du vainqueur fut admirée dans l'armée du vaincu même : la paix se fit, le Prince laissa l'option au vaincu de retourner à la tête de son armée, ou de joindre la Cour. Il consentit de paroître devant le Roi de Norreos ; ce Prince étoit plein de merite, il attira l'amitié de toute la Cour : on connut à la maniere de combattre du Prince de Nortbety, qu'il avoit vû des Nations policées, & que le Vieillard avoit distribué le voiage de son ennemi parmi les peuples où la colere n'est point dominée par la raison.

Osmundar ne pouvant résister aux mouvemens de son cœur en

faveur du Prince de Nortbety, lui rendit son amitié, reconnoissant son tort ; le mariage avec la Princesse de Norreos étant un pur hazard, son rival aiant d'ailleurs ignoré les engagemens dans lesquels le pere d'Osmundar étoit entré avec le Roi de Norreos, non seulement on ratifia la paix, mais on conclut une alliance entre les Couronnes d'Arimond, de Nortbety, Norreos, &c. qui fut jurée solemnellement par les parties contractantes.

Il étoit alors question de sçavoir comment le Roi d'Arimond pourroit se délivrer de ses alliez. On convint d'avoir pour chef du service divin le sage Vieillard de la montagne, qui étoit vraiment aimé du Créateur, qu'il falloit lui envoier une ambassade pour le prier de recevoir les hommages des trois Roiaumes, vû les obligations que les Etats lui avoient d'avoir conservé leurs Princes avec tant de bonté.

On dépêcha un Ambassadeur au Sage avec les instructions nécessaires, & on envoia un Hérault à l'armée des Conféderez, pour leur donner avis de la paix conclue entre les Souverains d'Arimond & de Nortbery, avec prieres de se retirer par-delà les montagnes.

Les Conféderez refuserent de se retirer, & lacherent plusieurs imprécations contre le Roi d'Arimond.

Après avoir tenu Conseil de guerre, on résolut de se mettre en bonne posture, & d'ordonner à tous les Bonzes qui ne voudroient pas obéir au Vieillard, de se retirer du côté des montagnes, & que ceux qui voudroient le reconnoître pour souverain Prêtre, eussent à se déclarer; plusieurs des Bonzes sortirent de ces Roiaumes, les autres resterent tranquiles ; les premiers furent conduits avec politesse, on leur donna toutes sortes de secours dans leur retraite.

Sur ces entrefaites le Vieillard envoia une réponse, qu'il acceptoit le titre de Grand-Prêtre des trois Roiaumes, à condition que pour tout culte on adoreroit le Dieu du Ciel representé par le feu, qui brûleroit dans les Temples depuis le coucher jusqu'au lever du Soleil; ainsi que les Princes en avoient vû l'image dans le Temple de la montagne.

Le sage Vieillard promit la victoire aux Princes, pourvû qu'ils n'oubliassent point les principes de sagesse qu'on leur avoit inspirez.

Toutes ces dispositions étant faites, les Rois ne penserent qu'à former leurs armées : celle d'Arimond devoit attaquer la premiere

miere les ennemis, & faire semblant de leur laisser de l'avantage, pendant que celle du Prince se montreroit en bon ordre, après que l'autre auroit lâché le pied, elle devoit combattre de pied ferme en bataillon serré, après quoi l'armée d'Arimond devoit revenir à la charge pour harceler les ennemis sur les côtez, jusqu'à ce que le Prince les eût enfoncez. Ce fut à la petite pointe du jour qu'on les attaqua; ils crioient Victoire gagnée par la fuite des troupes d'Arimond; mais ils trouverent à décompter, lorsqu'après que cette armée se fut ouverte, celle du Prince parut en colonnes serrées; ces furieux n'étoient point accoutumez à de si rudes chocs, ils furent enfoncez par tout où les colonnes donnerent. Dès qu'ils furent en désordre, l'armée d'Arimond qui s'étoit ral-

K

liée, suivit les ennemis de si près qu'ils furent obligez de se mettre tout-à fait à la débandade ; plusieurs furent trouvez morts de lassitude & des blessures qu'ils avoient reçûes ; une très-grosse partie périt au passage d'une riviere, quoiqu'on ne les suivit plus: par ce moien tout le païs à l'Orient des montagnes se trouva délivré d'ennemis. Ce fut une très-grande réjouissance pour les peuples, par la commodité du libre commerce que toute cette partie de la terre avoit de communiquer jusqu'à la mer. On auroit dit que ces trois Souverains n'étoient qu'un esprit & un corps: on changeoit de séjour & de demeure, les trois Cours étoient presque toujours ensemble. Je vivois en mon particulier très-content ; je passai dix ans entiers sans qu'il me prît envie de revoir ma patrie, pendant lequel tems je contribuai à faire plusieurs beaux établissemens pour augmenter la richesse reciproque de ces peuples. Un des premiers soins des Princes fut de s'apprendre l'un à l'autre le recit de leurs avantures, le Prince de Nortbety recita le premier les siennes, ainsi que vous l'avez vû ci-devant, dont voici la continuation.

SUITE

DE L'HISTOIRE

DU PRINCE

DE NORTBETY.

Zenut me fit suivre les bords de la mer, les mœurs & les Religions sont égales, jusqu'à ce que je parvins au-dessus d'une terre qui est plus basse que la mer même : j'oubliai presque que je n'étois pas accompagné de mon corps par une crainte qùi me saisit, elle dura peu à la verité : je crus que j'allois être submergé des vagues de la mer. Zenut m'expliqua que par le travail des habitans de cette petite contrée, ils avoient trouvé le moien de résister à l'Ocean, & de se mettre à l'abri de ses fureurs. Je crus que j'étois arrivé au païs de ces pleuples qu'on dit, qui habitent dans le fond de la mer d'autant plus que le soleil n'y éclairoit point, & qu'un épais brouillard étoit répandu sur la terre dont je souffrois toutes les incommoditez par le froid que je ressentois.

Cette contrée est belle & bien bâtie ; Zenut me dit que les habitans étoient sages dans leurs mœurs, à l'avarice près ; vice auquel ils étoient trop adonnez, avec d'autant moins de raison, que les grandes richesses qu'ils amassoient ne les rendoient pas plus avides des plaisirs ni de la bonne chere, qui n'est pas un vice dès qu'elle n'est pas portée à l'excès, par un mépris qu'on fait des biens du Créateur. Ils sont esclaves de leurs biens en toute maniere, ils n'osent marcher dans leurs maisons, crainte de les salir, non par un effet de propreté, mais de peur d'avoir un domestique de plus pour les nétoier. Je vis des femmes qui plutôt que de cracher sur le plancher ou dans leurs mouchoirs, avaloient de nouveau ce que la toux leur avoit fait monter de l'estomac & de la poitrine dans la bouche. Comme j'entrois dans l'interieur des maisons, j'y vis des femmes, elles sont plus fidelles à leurs maris qu'ailleurs ; elles ont aussi moins d'esprit, peu propres à égayer la conversation. Ce peuple s'épuisoit à soûtenir une Puissance voisine, qui devoit en recompense les ruiner dans leur commerce, qui fait la principale richesse du païs. Outre l'avidité du gain, ces peuples sont susceptibles d'orgueil, conservant au reste une bonne foi avec les Nations dans leur commerce. Il me fut impossible de comprendre ni de retenir les differentes sortes de cultes divins qu'on observe dans ce païs. Nous le quittames, il me parut devoir être aussi charmant en esté, qu'il étoit pour lors desagréable.

En traversant les mers nous descendimes dans une terre aussi très-couverte de brouillards, où les peuples sont plus civilisez qu'au continent que nous venions de quitter : c'est un grand Roiaume gouverné par une Reine, qui passe sa vie délicieusement, pendant que ses Généraux font la guerre dans les païs d'outre mer, non pour agrandir ses Etats, mais pour affoiblir toutes les autres Puissances amies & ennemies, afin d'être maîtresse de la mer, & de toutes les richesses du monde. Quoique ce Roiaume porte la guerre au dehors, il ne perd rien des vûes qui tendent à l'agrandissement du dedans, par les reglemens nécessaires à maintenir ce qui peut lui faciliter toutes les commoditez de la vie. Comme cette Princesse a beaucoup d'argent, & que ses peuples lui en donnent tant qu'il lui en faut, afin que les differentes Nations se massacrent & s'affoiblissent; elle trouve le moien de parvenir à ses fins; plusieurs Princes riches en hommes, pauvres en argent, fournissent abondamment au plaisir que cette nation a de faire détruire un Roiaume par l'autre.

Zenut me fit là-deſſus pluſieurs exhortations, me donnant à entendre que pour s'attirer la vraie benediction du Ciel, il ne faut rien entreprendre que de juſte. Quoiqu'il parut que le païs où nous étions pour lors fût heureux, il ne l'étoit cependant point du tout, parce que l'empreſſement des habitans à ſe procurer de l'argent, a pour but le relâchement : ce peuple donnoit à plein colier dans les plus grandes débauches, oubliant ſouvent juſqu'à celui qui eſt la ſource des biens, qui tôt ou tard ſe venge envers les hommes de cet oubli. Ce que j'avois vû ſur la montagne devoit me faire ſouvenir quelle devoit être la fin de l'homme, & principalement des Souverains. Cette Nation eſt puiſſante & ſpirituelle, elle ſoumet tout à ſes ſens & à ſon raiſonnement ; les femmes y ſont très-

très belles, mais adonnées à la débauche, moins fidelles à leurs maris, que celles du Continent voisin : ils ne se soucient gueres de ce qu'elles font, pourvû qu'ils se satisfassent dans leurs plaisirs. C'est au reste de très-vaillans guerriers dans l'abondance; mais si elle manquoit, l'envie de finir la guerre leur viendroit bientôt.

Comme le but de Zenut étoit seulement de me montrer le bon & le mauvais pour que j'en sçusse faire le discernement, il ne me permettoit pas d'entrer dans de plus grands examens des choses qui ne pouvoient pas m'être utiles un jour, m'assurant cependant que lorsque Dieu frapperoit ces Nations de l'étourdissement, leurs sciences viendroient jusqu'à nos Contrées, où elles resteroient tant que nous n'en ferions pas un mauvais usage; qu'-

après cela, le Maître du globe de feu les feroit passer ailleurs; il m'assura même que je donnerois naissance aux bonnes mœurs dans plusieurs terres d'Orient: j'ai lieu de l'espérer par l'union que je vois renaître entre nous aujourd'hui. Quoiqu'il semble que la terre où j'étois pût passer pour délicieuse, vû la force de l'Etat, les commoditez des habitans, & la grandeur des Villes; j'y trouvai deux choses qui me déplaisoient, sçavoir, que partie du jour les hommes y étoient privez de raison, & que le soleil s'y montroit peu souvent; de quoi les habitans se soucioient peu, le commerce leur fournissant tout, & la bonne opinion qu'ils ont d'eux-mêmes, les empêchant de penser à autre chose de plus parfait qu'eux. Il y a cependant de beaux Temples où les riches & les pauvres s'assemblent tous une fois la semaine, passant presque les six autres jours dans les lieux où l'on boit des liqueurs qui troublent la raison ; quoique les femmes y aillent rarement, elles en font un grand usage : ainsi on peut juger de ce qui tient le plus au cœur de cette Nation ; je ne sçaurois mieux vous en représenter la phisionomie que par Glantzby.

Zenut m'apprit qu'il y avoit quatre Vieillards sur les quatre plus hautes montagnes du monde ; que j'aurois le bonheur d'en voir encore un qui étoit subordonné à celui par l'ordre de qui nous étions partis, quoiqu'il fût aussi aimé du Créateur. Le même Sage avoit ordonné à mon conducteur de se trouver dans la demeure dudit Vieillard, au tems que tous les esprits bienheureux qui lui sont soumis s'y rassemblent pour louer d'un commun accord celui qui est la source de la vraie pureté. Nous partimes du riche Roiaume dont je viens de parler, avec cette difference, que Zenut me faisoit descendre sur toutes sortes de Vaisseaux, m'expliquant toutes les manœuvres que nous voïons faire aux differentes nations qui les montoient. Si ce que j'avois vû sur la terre m'avoit paru admirable, ce que je voiois sur la mer me sembla encore plus surprenant. Les hommes y sont bien moins vicieux que sur la terre, parceque les occasions de l'être manquent, & que la crainte de la mort retient leurs mauvaises passions, si naturelles au cœur de l'homme, excepté l'avarice qui est toujours le but qui porte les hommes à se dévouer à la navigation, jusqu'aux pêcheurs qui exposent leur vie pour des intérêts très-médiocres. La Nation la plus puissante sur la mer est sans contredit celle que nous venons de quitter, si l'on en juge par le nombre infini de Vaisseaux qu'elle met en mer. Il y en a cependant d'autres qui ne lui cedent ni en bravoure ni en adresse, ainsi que je le vis un jour de combat naval, où les deux Nations se départirent sans avantage de part ni d'autre: il y eut des Vaisseaux coulez à fond des deux côtez, & la perte fut égale: c'est là où je vis aussi l'effet terrible du feu. Zenut me dit que ces Arts ne parviendroient dans nos Contrées, que lorsque la grande corruption seroit parmi nous; que c'étoit un fléau dont Dieu avoit permis que les hommes se servissent pour venger le Créateur sur eux, même des crimes que tous avoient commis envers lui, par le mauvais usage qu'ils avoient fait des lumieres qu'il avoit eu la bonté de leur départir pour leur bien & leur avantage, dont ils avoient abusé, en quoi la puissance & les decrets du souverain Maître de toutes choses étoient admirables. Ces reflexions sont cause que je ne vous ai point pressé de me montrer en quoi consiste la science du feu de Glantzby, que ce peut être la même chose que j'ai vû mettre en usage parmi ces Nations qui regorgent de biens & de faveurs du Ciel, dont elles sçavent si peu profiter.

Nous arrivames dans la demeure du sage Vieillard ami de notre Maître; il parut surpris à ma vûe; il reconnut la puissance de son Superieur, d'avoir operé en moi ce qu'il avoit fait; il fut ravi d'admiration; tous les esprits bienheureux étoient rassemblez dans le Temple; ils furent élevez en l'air à quelque distance du globe lumineux: ce fut alors que je reconnus la difference qu'il y avoit entre eux & moi; je restai à terre me prosternant aussi. Le Vieillard me consola, en m'assurant que j'aurois part au même bonheur: j'eus la satisfaction de voir que Zenut tenoit le premier rang entre les bienheureux qui étoient devant le globe; mon respect augmenta pour ce sage conducteur, & je me promis de lui être toujours plus soumis. Cette cérémonie finit par une mélodie des plus harmonieuses & toute divine, dont la voute du Temple retentit pendant un long tems: Zenut m'a assuré depuis, qu'elle étoit partie du séjour bienheureux du Souverain de toute lumiere. Le Sage aiant remercié Zenut de la visite qu'il lui avoit fait, nous permit de nous retirer. Cette demeure étoit tout à fait impénétrable aux humains,

& il ne me parut aucun chemin par où on y pût arriver sans miracle ; elle n'étoit point éloignée des demeures des hommes, qui ne pouvoient l'avoir, étant environnée de rochers les plus escarpez : nous vimes une Nation environ à trois lieues de ces mêmes rochers ; Zenut voulut que nous fissions un plus long séjour parmi ces peuples, qu'ailleurs ; parcequ'il me dit qu'ils étoient moins mauvais que les autres hommes : c'est un païs assez doux, composé de plusieurs petits Etats qui sont gouvernez par de bonnes loix ; ils étoient autrefois très-unis entre eux ; le luxe des païs voisins a déja perdu & corrompu leurs bonnes mœurs ; ils ont conservé une inclination guerriere, qu'ils exercent même quelquefois entre eux, ainsi qu'il arriva pendant que nous les visitames ; les habitans des Villes avec leurs sujets s'unirent pour détruire ceux des montagnes qui sont unis sans l'être, chacun d'eux étant Souverain : ceux des Villes formerent des corps de troupes reglées, ils s'emparerent d'une partie des sujets de ceux des montagnes. Un riche Sacrificateur fut cause de cette guerre : Il arrive souvent, me dit Zenut, que les gens destinez au service divin sont portez à susciter des divisions, parcequ'ils augmentent leur pouvoir dans le desordre. Ce Chef, au dire des habitans des Villes, avoit travaillé à soumettre la liberté de ces peuples en général à un puissant Roi, Souverain de plusieurs Princes. Les Villes de ce païs, qui vivent en République, craignent la domination étrangere, & sont en de continuelles méfiances de ceux qui desservent les Temples, parcequ'ils les ont réduits sous leur obéissance, au lieu qu'ils sont Souverains dans les montagnes, & possedent la meilleure partie des revenus de ces Contrées: les habitans qui ont grande foi à leurs prieres, les ont si fort enrichis, qu'il y a tel Chef d'entre eux qui a plus de revenu que le Corps de l'Etat. Nous vimes ces Montagnards se mettre en campagne sans aucun ordre, aiant pour tout équipage leurs armes, & des vaches qui suivoient l'armée. Comme cette Nation est d'une extrême bravoure, elle ne redoute point ses compatriotes des Villes, les aiant vaincus autrefois. On peut quasi comparer la maniere de combattre des Montagnards, à celle des Tartares; malheur à qui est une fois exposé à leur fureur, on n'y peut résister qu'en se tenant en bon ordre, ainsi que firent les habitans des Villes, qui remporterent la victoire uniquement par cet endroit. Cette maniere de faire suivre des vaches n'est pas mauvaise ; l'armée trouve partout de quoi vivre sans être chargée d'équipage. Ces Montagnards se nourrissent ordinairement de lait & de viande. Il arrive assez souvent, qu'ils réussissent, & qu'ils trouvent en très peu de tems suffisamment d'équipages chez leurs ennemis : les combats qu'ils se donnerent, furent rudes. Zenut prit occasion delà de me représenter combien les guerres civiles étoient nuisibles ; que les Nations les plus fortes en étoient affoiblies à un point, qu'elles pouvoient être subjuguées par les plus petits Etats voisins. Les Villes victorieuses connoissant que les avantages sur leurs ennemis étoient ruineux, ne s'éloignerent point de la paix ; elles se réunirent avec leurs freres, faisant tomber leur principale colere sur ce puissant Chef qui avoit été la cause de la guerre, conservant cependant quelques avantages sur les autres aussi ; en quoi ils font mal, me dit Zenut, il falloit user de générosité entiere, & tout rendre : mais il n'y a point d'homme parfait, ceux-ci courent risque d'empirer par le luxe qui s'introduit chez eux ; mon sage conducteur prenoit plus souvent la figure humaine en ce païs, qu'ailleurs ; nous nous trouvions dans les assemblées publiques, même dans les Conseils, tantôt visibles, tantôt invisibles. Ils sont si nombreux chez ces peuples, que ceux qui les composent se reconnoissent à peine ; il y a souvent de la confusion de l'amour propre, de l'interêt particulier, comme dans les plus grandes Cours. Zenut prenoit occasion de m'expliquer la différente sorte de gouvernemens, me montrant que le Créateur de toutes choses est seul parfait. Le gouvernement Monarchique, me disoit-il, est sans contredit le meilleur, lorsque la tête est bonne : le Maître du Ciel accorde cette grace en grande bénédiction aux peuples ; il permet aussi qu'elle soit mauvaise, lorsqu'il veut les punir promptement. Le gouvernement Républicain est rarement le meilleur, parceque le nombre des vices prévaut sur les vertus depuis plusieurs siecles ; & le pire de tous est celui qui devroit être le meilleur par la nature & l'occupation à laquelle sont obligez de vaquer ceux qui sont à la tête ; mais ils perdent aisément leur objet de vûe par des principes d'interêts ou d'orgueil, ausquels tout homme est presque sujet, il suffit qu'un de ces vices domine pour tout perdre.

Zenut me conduisoit insensiblement partout où je pouvois admirer les raretez de la nature ; il fut frappé d'une voix plaintive au fond d'une grotte, nous y entrames, le spectacle étoit touchant : un jeune homme déploroit en ce lieu les malheurs de son païs par des motifs bien rares aujourd'hui. Après avoir lié conversation en quelque maniere malgré lui, ne pouvant résister à la douceur de la voix de Zenut, il nous raconta l'histoire suivante, qui n'étoit certainement pas ignorée de mon digne conducteur ; mais il voulut pour la premiere fois me mettre dans une plus grande communication avec les hommes, n'y aiant rien à craindre pour mon innocence avec un aussi bon sujet que ce jeune homme. Je suis du païs de Carimaquo, dit ce jeune homme; les habitans sont d'un bon naturel, ils ont un Roi qui demeure plus de cent lieues loin de cet Etat, où il tient un Grand de sa Cour pour présider aux assemblées du païs. Les Carimaquois sont civils envers les Etrangers: ils ont des Loix qui abregent les differends qui surviennent entre eux: l'innocence y regnoit encore un peu, lorsque je me suis retiré dans ces montagnes: on confie les jeunes filles aux jeunes garçons pour se promener le soir ensemble, & jouir de la fraîcheur, pendant que les Anciens s'occupent à la conversation, & à se délasser de la fatigue du travail du jour: dès que les filles sont mariées, elles ne sortent plus, & s'occupent des soins de leur ménage; les femmes sont les premieres à rendre service à leurs maris: les enfans servent pere & mere à table, puis sont servis à leur tour par les domestiques de la maison. Cet Etat se maintient en paix depuis plus de quatre cens ans, par une espece de miracle : les Souverains en ont toujours été éloignez, par consequent aucun favori du païs n'a pu totalement subjuguer ses compatriotes; ils les ont vexé quelquefois, il suffit à ce peuple de sçavoir qu'il doit du respect à son Souverain; les impôts n'augmentent ni ne diminuent. Il y a cependant des Carimaquois qui ont des vûes plus étendues que le gros du peuple : ils ne manquent ni de valeur ni d'adresse; ils vont chercher fortune dans les Roiaumes voisins, ils y meurent, ou retournent avec des facultez honnêtes qu'ils ont gagnées, ou dans le commerce, ou dans le métier de la guerre. La douceur du climat, l'air natal

tal que la vieilleſſe recherche toujours, les rappellent chez eux, & par bonheur aucuns de ceux-là n'ont encore détruit la nature du gouvernement; loin que les peres & meres retiennent les enfans ambitieux, ils les exhortent à prendre l'eſſort avec cette précaution, qu'ils leur défendent d'y rentrer pour leur être à charge. Quoique les idées que ces peuples ſe forment de la Religion, ſoient quaſi auſſi nombreuſes qu'il y a de têtes, ils conçoivent qu'il faut en avoir une; ils aiment mieux ſouffrir quelque choſe de ceux qui ont ſoin d'eux, que de s'en paſſer tout-à-fait. Ceux qui ſont prépoſez pour le Service divin, ne ſont ni riches ni pauvres, mais fort ambitieux; ſi jamais la tranquilité de cet Etat peut être troublée, ce ſera par eux, quoiqu'on ait ſoin de les tenir de court, & ſoumis aux Magiſtrats, ils trouvent ſouvent les moiens de s'élever ; ils ſont en partie la cauſe que nous avons perdu notre innocence. Mon païs a joui d'une douce domination pendant deux cens ans ; tous les Princes qui, quoique Etrangers, ont aimé notre terre, ne réſidoient point dans cet Etat, parce qu'ils étoient trop proches parens du plus grand Roi du Continent, dont la Cour eſt la plus belle qu'il puiſſe y avoir au monde : ce qui étoit d'autant plus avantageux pour nous, que toute la jeuneſſe de Carimaquo trouvoit de quoi s'enrichir dans ce grand Empire, où nous étions regardés plus favorablement que les propres Sujets de ce grand Roi : nous voïions les conquêtes de ce Monarque, ſans craindre de changer de Maître ; plus il devenoit puiſſant, plus de graces nous obtenions par l'entremise de nos Souverains, jamais il ne fut une situation plus heureuse. Le dernier de nos Princes légitimes fit une donation de ses Etats à un Prince parent de sang de ce grand Monarque, il lui restoit cependant une sœur qui fut proclamée Souveraine de Carimaquo : après sa mort le Prince ci dessus vint dans notre païs, il fut accompagné des parens de sang de notre Souveraine ; les Carimaquois virent alors plusieurs petites Cours chez eux, tous ces prétendans se soumettoient à la décision de l'assemblée du païs, qui jusqu'à ce tems avoit toujours témoigné un desintéressement & une intégrité parfaite dans les differends survenus au sujet de la Souveraineté ; mais helas que ne peuvent les coûtumes des grandes Cours ! Les parens de la Reine défunte étoient des Courtisans ; l'un d'eux étoit General des troupes du Grand Roi; il avoit sçu captiver son cœur, quoiqu'il eût exposé l'Etat à deux doigts de sa ruine, en perdant des Provinces entieres des Alliez : les Nations voisines peu accoûtumées à vaincre n'auroient auparavant ce tems-là osé regarder l'écusson des Armes de l'Empire, sans trembler. L'autre parent étoit ami du Ministre du grand Roi, qui le soûtenoit sous main ; le Prince seul étoit sans appui, cependant il s'attiroit l'estime de tout le monde. Ce héros avoit donné des marques de sa valeur en plusieurs rencontres, il étoit chéri & adoré dans l'Empire, excepté de son Souverain qui étoit cependant celui du monde qui rendoit le plus de justice au vrai mérite, pris en general. Le Prince seul eut le malheur d'être excepté, le Conducteur de toutes choses le permit; car si le grand Roi avoit eu autant de confiance en ce Prince, qu'il avoit en son favori, il auroit subjugué la moitié du monde. Bref, le favori & le General s'unirent ensemble, avec l'Ambassadeur d'un Roi éloigné & ennemi de leur Monarque pour écarter le Prince du Trône. La partie devint trop forte, on distribuoit l'argent à pleine-main, l'innocence de mes compatriotes disparut à la vûe du métal; mais par un reste de candeur, le procedé des Sujets du Monarque contre un Prince du sang de leur Maître, leur devint odieux, & ils se donnerent au Roi éloigné de leur Etat, auquel ils sont actuellement sujets. Ce Prince étoit un des plus vertueux du Continent; cependant, soit que la maniere dont nous sommes devenus ses Sujets, soit que cela se fasse par un châtiment particulier, nous sommes reputez plus qu'Etrangers dans les Etats de notre Roi. Ce n'est pas sans sujet que je m'afflige du triste sort de ma patrie qui est tombée en mépris chez nos voisins : j'ai résolu de passer mes jours dans cette solitude à prier le Créateur pour elle, en considération des innocens dont il y a bon nombre répandus dans cet Etat. Ce n'est pas contre le Souverain que je fais des vœux au Ciel, au contraire j'implore ses bénédictions sur lui, pour détourner sa colere de dessus les coupables qui ont laissé corrompre l'innocence de ma patrie. Cet événement peut servir d'exemple sur la difference qu'on doit faire d'un Prince bien né & des Favoris. Le Prince maltraité par son Roi refusa les offres qui lui furent faites par les ennemis de son Maître, non seulement de lui faire parvenir notre païs, mais de lui procurer encore une grande Province voisine, s'il vouloit prêter son bras à venger leur querelle. Il refusa tout genéreusement, & avec mépris. Le Monarque ne fut point touché de la grandeur d'ame du Prince, & le Favori fut toujours Favori. Je ne puis penser à cet événement, sans laisser couler de larmes. Le Carimaquois fut si affligé, qu'il ne put continuer.

Le grand Prince dont il nous parla est mort à la fleur de son âge, regretté de tous les Sujets, de son Roi, & de tous les Princes du Continent, qui ont admiré sa vertu, sa candeur, son desintéressement, & sa fidélité. Jamais Prince ne fut plus digne de porter des Couronnes, celle du Ciel commune aux créatures les plus parfaites lui est destinée.

Zenut m'assura que ce Prince étoit un des esprits bienheureux, qui attendoit l'accomplissement des tems dans la demeure du Sage de la Montagne; ce digne conducteur prit occasion de me dire que le Maître universel en agissoit quelquefois de cette maniere envers les sujets qui lui étoient le plus agréables, afin de leur faire goûter une plus grande félicité, pour les récompenser des souffrances qu'ils avoient à supporter pendant leur vie.

Zenut exhorta le Solitaire à se retirer dans sa patrie, l'assurant qu'il y en avoit encore avec le cœur pur, & qu'en leur considération le Créateur du monde auroit pitié du reste même de ceux qui avoient succombé à la tentation des biens de la terre, & préferé des richesses fragiles à leur innocence. Il lui montra dans

dans la même grotte un tréfor pour preuve de ce qu'il lui avoit avancé, l'affurant que la Providence l'avoit amené en ce lieu pour qu'il en pût jouir; qu'il le pouvoit prendre en toute fureté de confcience lui étant refervé depuis longtems, auffi bien que des connoiffances qui l'approcheroient du vrai bien, & des tréfors impériffables. Le jeune homme s'étant jetté aux pieds de Zenut crut l'embraffer, & ne trouva rien entre fes bras : nous difparumes doucement à fa vûe, nous élevant dans les airs pour lui caufer plus d'admiration que de fraieur.

Zenut continua de m'inftruire des fecrets de la nature, m'apprenant la caufe des fources des eaux minerales dont ces montagnes abondent, celles des formations des métaux, rapportant tout à la grandeur du Créateur. Ce fut en ce lieu qu'il m'inftruifit que la malice des hommes avoit forcé ce même Créateur à les détruire par une pluie qui inonda toute la terre, & pardeſſus les plus hautes montagnes : les quatre demeures des Sages furent les lieux qui furent les premiers découverts. Lorſque les eaux ſe retirerent, le ſouverain Maître en voulut conſerver la pureté par la demeure de ces Anciens, qui prient journellement le Toutpuiſſant pour la conſervation du genre humain. Il me montra des coquillages de de la mer pétrifiez avec la ſubſtance même des poiſſons qu'ils renfermoient, qui n'avoient changé ni de couleur ni de forme, & autres choſes qui prouvoient viſiblement la toutepuiſſance de ce ſouverain Maître.

J'étois ſi pénetré de toutes ces belles leçons, que j'étois trèsaffligé d'être obligé de réjoindre mon corps ; de quoi Zenut me reprenoit, en difant que le premier moien de parvenir au degré de perfection, étoit d'être parfaitement foumis à la volonté du Créateur, qui ne pouvoit jamais être trompé, connoiffant l'interieur du cœur des hommes à fond, ainfi que le centre de la terre, & tout ce qui l'environne. Les momens dans lefquels j'aurois fouhaité d'être uni à mon corps, c'étoit pour avoir occafion de montrer aux autres hommes ce qu'ils devoient faire en leur donnant le premier, l'exemple : mais hélas ! je n'ai fenti que trop depuis, que la nature étoit fragile malgré ma bonne volonté : j'ai connu le penchant que l'homme a au mal, & combien il eft néceffaire de n'être point abandonné. Mon fage conducteur m'apprit alors que le tems approchoit que je devois réjoindre l'Orient, mais qu'il alloit me faire voir tout ce qu'il y avoit de plus parfait & de plus grand sur la terre. Il fendit les airs comme un éclair pour me faire descendre dans un Palais si magnifique, construit en des Jardins si délicieux, qu'excepté la demeure du Vieillard, je n'avois encore rien vû de si beau : un grand Roi l'habitoit au milieu d'une superbe Cour ; ce Prince étoit tout rayonnant de gloire, & déja il paroissoit quelque chose de spirituel en lui ; les foiblesses de l'homme l'avoient abandonné depuis longtems, non par infirmité de vieillesse, mais par un zele de s'approcher de la source dont il avoit été formé : il se distinguoit autant pardessus tout ce qu'il y avoit de brillant dans sa Cour, que la clarté du soleil l'est de la lune :

ses ennemis le reveroient, vû qu'il avoit supporté les plus grands revers de fortune, avec plus de fermeté qu'il n'avoit témoigné de joie dans ses plus grandes prosperitez; & si son peuple avoit eu l'ame aussi droite, ils auroient joui ainsi que lui d'une félicité peu connue aux humains.

Je n'avois rien vû sur la terre de si parfait que cet Empire: ce peuple faisoit le bien & le mal par volonté de le faire ; il y avoit même des Ecoles où on apprenoit cette science dangereuse. Enfin lorsqu'un des plus riches Rois du Continent envoia son Ambassadeur avec un train des plus superbes pour féliciter ce grand Monarque, Zenut me dit: Prince, rendez grace au Créateur de toutes choses, votre course est finie, vous êtes choisi pour porter dans la demeure du Sage le principe de vie du grand Roi que vous voiez, qui le va rendre à celui qui le lui a donné, & s'offrir au globe de feu pour y être purifié, afin de jouir de la premiere félicité des Héros, en attendant l'éternel repos. Ma joie fut extrême d'entendre Zenut me tenir ce propos : il me conduisit devant le lit du Monarque, d'où aiant éloigné tout ce qu'il y avoit de malin dans la chambre, il reçut ce principe de vie, en l'unissant presque à moi. Nous fendimes les airs, nous arrivames en peu de tems dans la demeure du bienheureux Vieillard, qui reçut ce dépôt précieux. Le Sage voulut que je demeurasse sans être uni à mon corps, afin de pouvoir être témoin de la reception qui devoit se faire de cet esprit au nombre des habitans de ce séjour. Tous s'assemblerent dans le Temple au lever du soleil : le Vieillard debout, la tête nue sous le globe de feu, tous les esprits autour de lui à genoux, les yeux élevez en haut, écouterent une priere que le Vieillard lut à haute voix, aiant à ses pieds le nouveau venu, qui à peine paroissoit par la petitesse dont il étoit. La priere finie, il tomba une étincelle du globe sur l'esprit qui étoit aux pieds du Vieillard, il parut dans un instant comme les autres. Alors on entendit une harmonie divine, qui augmentoit à mesure que les esprits s'élevoient en cercle autour du globe jusqu'à une certaine distance de lui : cette musique fut accompagnée d'un nombre infini de voix si harmonieuses, que j'étois ravi d'admiration ; & si j'avois été alors uni à mon corps, mon ame s'en seroit séparée à coup sûr dans le moment même. La cérémonie finie, je restai seul dans le Temple avec le Vieillard : il ôta le sceau qu'il avoit mis sur le cercueil où mon corps étoit renfermé, & d'un coup de baguette dont il le toucha, il se leva ; mon esprit se trouva de nouveau uni avec lui, parfaitement sain & sauf. Le Vieillard prit alors la parole, & me dit, qu'en reconnoissance des grandes bontez que j'avois reçûes, je devois desservir le Temple jusqu'à ce que les 25 ans fussent écoulez. La mort du Monarque survenue aiant abregé mes pellerinages, parce que c'étoit le tour de Zenut d'aller recevoir son esprit, comme un de ses plus proches parens, pour la conversion duquel il n'avoit cessé d'invoquer le Maître du globe, & en avoit été exaucé.

Le Sage me permit l'usage de tous les fruits de cette demeure ;

ils étoient d'un goût délicieux, & ne tenoient rien de grossier, tout se tournoit en nourriture & en substance. J'appris aussi que cette grande diversité d'animaux, dont il y avoit une paire de chaque espece, étoit ceux qui avoient été conservez par bonté particuliere du Maître du globe en faveur des hommes, pour en procurer d'autres, après quoi ils avoient été transportez dans cette demeure. Le Sage me dit aussi que les quatre Vieillards étoient les premiers hommes à qui le Créateur avoit fait miséricorde depuis l'innondation de la terre.

Les 25 ans écoulez, le Vieillard m'aiant exhorté & embrassé, je partis en la même maniere que j'étois venu, & descendis dans le fond où j'avois laissé mon cheval; j'y en trouvai de plus jeunes en très-bon état, de même que ma selle, sous laquelle il y avoit une quantité d'or, par la prévoiance du Sage; j'avois emporté avec moi des fruits de la demeure du Vieillard qui me servirent plus que suffisamment jusqu'à ce que je fus en païs de connoissance.

Je trouvai que mon frere aîné étoit prêt de mourir, & qu'il soupiroit après mon retour; je lui rendis tous les devoirs d'un bon frere, & montai sur le Trône après sa mort à la satisfaction de mes peuples. La soumission avec laquelle j'avois vêcu avec Zenut & le Vieillard, ne me permit pas de m'informer de vous, non que je n'en eusse envie, mais j'avois souvent été repris de ma curiosité par mon sage conducteur, je n'osai m'exposer à de nouvelles censures.

Vous avez appris, Prince, parlant au Roi d'Arimond, ce que j'ai fait depuis mon arrivée dans mes Etats; je porte tous mes soins à cultiver le bonheur de mes sujets; je ne leur donne de connoissances que celles que je crois qui peuvent contribuer à leur bien; si je vis longtems, ils seront en état de jouir des avantages qui leur étoient inconnus avant mon regne; j'ai pacifié les divisions, je suis leur pere plus que leur Souverain; je suis persuadé qu'ils m'aiment; j'aime la mediocrité en toutes choses, je maintiens cependant les droits de la Couronne sans chercher à les augmenter, mes trésors sont dans le cœur de mes peuples pour les dépenses extraordinaires: je consens qu'ils jouissent du fruit de leurs peines; mais je prétends qu'ils n'aient pas moins d'empressemens que moi à me secourir contre leurs ennemis; tout le bien de mon Roiaume doit être emploié à sa défense, sans qu'il faille leur consentement pour le donner au besoin : mes ordres seuls sont les résultats que je veux de leurs conseils ; j'ordonne que les Anciens soient respectez, je les considere ; je ne veux point de jeunesse à ma Cour, que lorsqu'elle y est appellée par son devoir, ou pour le service : celle qui est hors des Ecoles, & qui finit de bonne heure parmi nous, est emploiée à se former dans les troupes, ou à servir ses parens ; ceux qui sont de condition élevée par dessus les autres, sont occupez à écouter les Jugemens des Anciens, lorsqu'ils rendent la justice que je laisse à leur soins sous les yeux des Gouverneurs de mes Provinces ; avec le tems je pourrai former des établissemens plus considérables : un Roi ne peut pas tout entreprendre à la fois, j'en ai vû des exemples dans les voiages que j'ai faits, que je n'ai pas rapporté, persuadé que vous souhaitiez plutôt d'en apprendre la fin, que le cours : je serai fort content si je n'ai pas eu le malheur de vous ennuier. Le Roi d'Arimond aiant embrassé son ami, se disposoit à entamer le fil de son histoire, lorsqu'on vint avertir le Prince & moi, que le Roi de Norreos se trouvoit mal.

Nous passames la riviere à grande hâte, & courumes à son secours; il étoit déja trop tard, ce Monarque avoit été atteint d'une apopléxie si violente, qu'il étoit sans mouvement, rendant les derniers soupirs entre les bras du General, à qui on avoit donné la garde du Prince son petit-fils. Je ne m'arrêterai pas à faire un détail de tout ce qui se fit, & de tout ce qui fut dit à la mort de ce bon Prince : l'affliction fut sans égale. On embauma son corps qui fut porté à l'armée avec un appareil des plus funebres : il fut brûlé, toute l'armée étant sous les armes, la face contre terre, tant qu'il fût consommé, chacun faisant des vœux pour qu'il fût au nombre des bienheureux. Le Prince imploroit Zenut & le Vieillard à son secours ; il eut bien de la peine d'empêcher que plusieurs de ses Sujets ne se jettassent dans les flammes pour être consommez avec lui ; ce ne fut qu'en les suppliant de conserver leur vie pour défendre le Roiaume contre les ennemis du jeune Roi qui fut proclamé Souverain des Couronnes de Norreos & païs dépendans. Le Prince refusa le titre de Roi conjointement avec son fils, il promit de conserver ses Roiaumes au même fils qu'il avoit eu de la Princesse de Norreos qui fut reconnue Reine, aiant son fils entre ses bras sur un chariot magnifique ; quoiqu'elle baignât dans ses larmes, elle paroissoit toute rayonnante de gloire. Le fils aîné du Prince de Nortbety lui prêta hommage, & lui jura fidélité ; mais la nouvelle Reine ne voulut point descendre de son Char, qu'on n'eût tenu un Conseil general autour d'elle, où elle déclara qu'elle vouloit passer sa vie dans une retraite, si le Prince n'étoit élevé à la dignité de Roi de tous ses Roiaumes : le Prince ne put la fléchir, l'armée l'éleva sur le Char à côté de la Reine, il se jetta à ses pieds, haranguant les Generaux & l'armée. La réponse fut uniforme, on cria : *Vivent Loriman & Arontine, Roi & Reine de Norreos*. Le Prince prit place à côté de la Reine : le Roi d'Arimond arriva avec les Generaux de son armée, complimenterent les nouveaux Rois ; les sermens réciproques furent prétez entre le Roi, la Reine & les Sujets ; & dans le même instant Loriman & Osmundar se jurerent de nouveau une amitié éternelle. Osmundar monta sur le Char Roial à la face des deux armées. On députa au Sage de la Montagne pour lui apprendre ces grands événemens, en lui demandant la permission de bâtir un Temple à l'instar de celui de sa demeure, dans le lieu où le corps du Roi défunt avoit été brûlé.

L'Ambassadeur revint, disant que le Sage lui étoit apparu, qu'il agréoit l'érection du Temple où il donneroit des marques particulieres de sa protection ; les deux armées furent occupées par détachement à cet édifice, qui fut élevé d'une maniere si extraordinaire,

traordinaire, qu'on eut plutôt lieu de croire que c'étoient des esprits qui y travailloient, que des hommes. Quoiqu'il y eût deux armées occupées à cet ouvrage, on y reconnut les secours du Vieillard d'une maniere si visible, qu'il fut fini avant la fin de l'Eté même, & consacré à celui qui est la source de toute lumiere, par le Roi Loriman, d'ordre exprès du Vieillard qui l'établit pardessus tous les Bonzes qui lui étoient soumis.

L'homme n'est jamais content, on ne pouvoit être plus heureux que je l'étois ; cependant un noir chagrin commença à s'emparer de moi, je n'étois plus le maître de moi-même ; je ne cherchois que la retraite, à peine pouvois-je témoigner du contentement auprès de ma femme; je ne travaillois plus, j'avois fait d'assez bons garçons Chirurgiens; je ne m'occupois qu'auprès du Roi Loriman. On congédia les armées, & Osmundar resta à la Cour. Ces Princes étoient inséparables, ils avoient pitié de moi ; ma femme étoit inconsolable de me voir changé, elle mourut ; ma douleur fut très-grande, je ne voulus pas qu'elle fût brûlée, je l'embaumai & l'enterrai dans le nouveau Temple, & fis une croix sur sa tombe ; je mis une épitaphe en François dans une boëte d'or dans son cercueil qui étoit d'un bois incorruptible. Comme il ne m'est presque rien arrivé de fâcheux qui ne m'ait été prédit en quelque maniere par des songes qui avoient du rapport à mes affaires, j'attribuai ma mélancolie à un pressentiment de cette séparation.

Les Rois, la Reine m'offrirent tout ce qu'il y avoit de plus belles filles à la Cour : je les remerciai ; on faisoit tout ce qu'on pouvoit pour me tenter, je fus & demeurai ferme. Mais il me vint en tête d'ériger une espece de Couvent de filles toutes belles & aimables, auxquelles je faisois apprendre les compositions des remedes par mes muets ; il en étoit mort quelques-uns ; j'avois suppléé par d'autres de cette Nation, qui me regardoient comme leur pere, de les avoir affranchis de la tyrannie du serpent, & de leurs faux Prêtres. Les maladies des vers finirent entiérement dans ces Contrées, depuis qu'on ne donna plus des excremens de ce monstre aux malades. Les places de cette Communauté de femmes étoient bien briguées par tout ce qu'il y avoit de gens considérables : Osmundar en fit venir de son Roiaume, qu'on joignit aux autres. Mes anciens muets étoient des gens sages, qui passoient tous les jours prosternez quelques minutes devant le Créateur avec moi, faisant le signe de la Croix ; je les aurois baptisé, s'ils avoient sçu parler.

La Reine venoit souvent nous voir travailler, & mettoit la main à l'œuvre ; je rendis ces peuples très-charitables & humains. Le Roi y contribuoit de tout son pouvoir. Comme le Roi Osmundar parloit de retourner dans son Roiaume, on apprit qu'il étoit arrivé un Ambassadeur par mer dans le païs des Muets ; la réputation de ces Princes, & de leurs vertus, s'étant répandue pardelà les chaînes des montagnes, & pardelà la mer, j'étois encore très-incertain où aboutissoit le Continent où j'étois pardelà les montagnes ; je ne pouvois donner aucune assiette réelle à mes idées ; la nouvelle de l'arrivée d'un Ambassadeur me surprit, & me donna plus de lueur de rejoindre ma patrie, que je n'avois eue jusqu'alors. Osmundar résolut de rester pour voir cet Ambassadeur, d'autant plus que les intérêts des deux Princes étoient devenus communs : je voulus aller audevant, mais les Rois ne voulurent pas permettre que je prisse cette fatigue ; ils m'en détournerent en me donnant des marques d'amitié les plus sensibles. Je conseillai d'envoier le General, mari de la Dame qui avoit nourri le Prince que j'affectionnois beaucoup ; on tint Conseil sur la venue de cet Etranger ; il fut résolu qu'il seroit servi par des muets, & qu'il viendroit seulement lui troisiéme à la Cour, & qu'on feroit fournir tout ce qu'il falloit pour la subsistance de sa suite dans le lieu où il étoit débarqué, jusqu'à ce qu'on pût sçavoir ce que c'étoit. Osmundar prit ce tems de tranquilité pour raconter l'histoire de ses Voyages en présence des deux Rois, de la Reine & des Princes seulement ; le Roi Loriman aiant lui-même toujours gardé un profond secret là dessus.

HISTOIRE

D'OSMUNDAR

ROI D'ARIMOND.

LE Vieillard me dōna un conducteur, nommé Famat, au moins m'ordonna-t-il de l'appeller de ce nom ; il fendit les airs, & me transporta pardessus les montagnes qui sont d'une très-grande étendue, m'approcha de terre audessus d'une grande Ville, où il y avoit un Temple au milieu de plusieurs enceintes, si remplie de Bonzes, qu'on en formeroit une armée, en cas de besoin : le Temple n'est rempli que de figures & de statues affreuses : il y a un autel où on sacrifie des victimes de toutes especes, pendant que le grand Bonze est sur un trône tout brillant d'or & de pierreries en perspective audelà de l'autel ; on ne lui voit que le rond du visage, les bouts des doigts, & les orteils des pieds nuds ; le reste de son corps est si fagoté de riches habillemens, qu'on peut dire qu'il en est emmaillotté. Pendant la durée du sacrifice, le peuple est la face prosternée contre terre ; il ne lui est permis de lever la tête qu'à de certains sons d'instrumens lugubres pour un moment seulement.

Famat me dit : Voilà l'horreur des Nations qui paroît à

vos yeux ; le souverain Prêtre, le Sacrificateur & tous ces peuples périront avant l'accomplissement des tems : c'est par la puissance des esprits malins, que tout se gouverne ici. Dépêchez-vous d'observer toutes choses, ne pouvant rester longtems en ce lieu abominable. Cet esprit ne peut rien sur moi ; mais dès qu'il vous appercevra, il fera des fumigations si puantes, que vous ne les pourrez pas supporter.

La figure que vous voiez sur ce trône, si richement ornée, est une jeune femme qui sert à satisfaire la passion brutale de tous les autres Bonzes, en attendant qu'ils la sacrifient de nuit à l'esprit infernal : ils en supposeront une autre à la place pour servir à leurs infamies, & à tromper des Nations innombrables, qui n'ont pas encore mérité d'être éclairées. Votre païs sera
plu

plus heureux, & de votre vivant vous trouverez grace auprès du Très-haut, vous commencerez vous même d'entrevoir la verité.

C'est aujourd'hui la fête de la grande abomination, trente quatre Rois sont prosternez devant le trône de cette femme qui passe pour être l'immortelle chérie du Créateur : cette perfidie est conduite par la malice des Bonzes. Tous ces Rois apportent ici des richesses immenses, & toutes les dépouilles de leurs ennemis, avec leurs plus belles filles, qui servent à satisfaire la brutalité de ces fourbes : cette nuit même, celle qui est sur le trône doit être sacrifiée, & une autre substituée en sa place.

A la fin du sacrifice où nous étions présens, on distribua aux trente-quatre Rois à chacun une cassolette d'or pleine des excremens de l'Idole vivante qui étoit dans la niche : à mesure qu'ils l'avoient reçûe, ils alloient lui baiser les pieds, léchant les douze marches de son trône sans oser la regarder en face. On amena après cette cérémonie trente-quatre Vierges voilées, dont chacun des Rois en prit une devant lui, sur lesquelles un vieux Bonze fit une aspersion d'eau, dans laquelle on avoit détrempé de l'excrément de l'Idole ; ensuite de quoi les Rois se retirerent en reculant jusques hors du Temple, se prosternant de tems à autre la face en terre. Eux retirez, les portes du Temple furent promptement fermées ; & en moins d'une heure de tems, trente-quatre vieux Bonzes tirerent au sort les Vierges, & les auroient violées dans le Temple d'horreur, si Famat n'avoit invoqué le Tout-puissant, qui forma une tempête horrible ; la voute du Temple se fendit, & les trente-quatre vieux Bonzes écrasez par la foudre en notre présence ; les Vierges n'eurent point de mal pour cette fois. Les Bonzes publièrent qu'il y avoit des filles qui n'étoient pas Vierg parmi celles qui avoient été presentées. Les Rois avoient beau se récrier contre cet allegué, chacun d'eux en particulier ; ils ne furent point écoutez, & partirent tout contristez. Ces malheureux Princes croioient offrir leurs Vierges au grand Prêtre immortel, & ne sçavoient pas l'usage horrible qu'on en faisoit ; car elles continuoient de passer de Bonzes en Bonzes, de trente-quatre à trente-quatre, jusqu'à ce qu'elles expiroient : sacrifice le plus horrible qui se pouvoit faire au Prince de l'impureté, que Famat esprit pur ne put souffrir. Le tems viendra, me dit-il, que vous corrigerez les horreurs qui font en usage dans vos Etats parmi vos Bonzes.

Nous partimes de ce lieu abominable ; c'est la demeure du Lama, nom qu'on donne à l'Idole vivante, malheureuse victime du Demon & de la malice des hommes. J'étois si contristé de ce que j'avois vû, que j'aurois volontiers cedé au plaisir de la curiosité, pour courir au secours des peuples de mon frere, abusez par ces misérables. Je n'attends que la premiere occasion pour me défaire de cette engeance impure, j'espere que nous en pourrons venir à bout de concert, & que le Sage ne nous abandonnera pas dans ce pieux dessein : je ferai de mon mieux pour employer le tems de paix dont nous jouissons, à purger ces infamies de nos Etats. Le Roi de Norreos lui protesta qu'il continueroit à mettre à fin une si grande œuvre que Glantzby avoit déja commencée. Osmundar continua de la sorte : Nous parcourumes les Etats de ces trente-quatre Rois, tous tributaires du Lama, qu'on appelle le grand Lama par excellence, parce qu'il y en a dans le même Continent d'autres qui portent ce nom, qui sont des subdeléguez de la fourberie de l'autre, ainsi que Famat m'en montra un dans un Château au bord de la mer, peu éloignée de celle qui sépare nos Etats du dernier Continent que nous avions quitté, d'où apparemment nos Bonzes ont pris origine.

Il y a parmi ces trente-quatre Rois, des Princes d'un merite distingué, les uns plus souverains que les autres, tous guerriers gemissans lorsqu'ils ne sont pas au milieu du carnage ; c'est de leurs contrées que sont presque sorties toutes les grandes armées qui ont subjugué la moitié du monde, & Famat me fit remarquer la résidence du plus puissant d'entre eux, qui conserve encore de beaux restes de splendeur aujourd'hui, malgré les grandes révolutions que Famat me dit qu'elle avoit souffertes.

Cet esprit pur me fit voir les Etats d'un des plus grands Monarques du monde; il est si vieux que peu d'hommes restent en vie sur la terre à son âge; quoiqu'il soit monté sur le trône par des voies illicites, aiant fait mourir son pere en prison, trompé & massacré ses freres, il a cependant été beni du Créateur; ce sont des secrets de la Toutepuissance que nous devons adorer plutôt que de les aprofondir, ils sont au-dessus de notre portée. Sa puissance s'étend depuis les montagnes jusqu'à la mer; ses sujets, ses trésors sont innombrables, & il possede son Empire en paix, malgré les divisions que pouroient causer les differens cultes divins: il arrête tout par sa prudence.

Il est vicieux sans l'être, grand justicier donnant audience à ses sujets regulierement, refusant d'assister les rebelles des Princes voisins, & ne pardonnant jamais le moindre ombre de sédition. Il a pour sa garde ordinaire plus de cinquante mille de ses differens vassaux.

Partie de ces Souverains tributaires servent en personne; j'y ai vû des gens de la figure de Glantzby, qui possedent l'usage terrible du feu tel que vous l'avez dépeint; Famat me donna les mêmes leçons qu'à vous: c'est un second tonnerre auquel tout esprit uni à son corps ne peut resister sans trembler, quoiqu'il m'ait paru voir le contraire. Il y a dans ce grand Empire de differentes sortes de Bonzes, des pernicieux & mauvais semblables aux nôtres, & d'autres qui ont le cerveau frappé qui péchent par ignorance. Il s'en trouve qui sont si dépourvus d'esprit, qu'ils croient plaire à Dieu en se livrant en proie tout nuds, pour nourir des poux, des puces, des punaises, des araignées, & autres insectes, dont ils se laissent sucer jusqu'à ce qu'on les emporte morts, sur la folle croiance que parmi ce nombre innombrable d'incestes, l'ame de leurs pere & mere peut être comprise, revêtue de la substance de ces vilaines bêtes.

Famat me fit admirer jusqu'où va la colere du Toutpuissant envers les Nations dont les peres n'ont pas profité des lumieres que le Ciel leur a distribué. Ces païs, me dit-il, ont refusé la grande lumiere de l'esprit, elle leur eſt ôtée juſqu'au tems qu'il plaira au Maître du monde de la leur rendre.

J'admirai toutes les merveilles & les grandes richeſſes que je voiois ; Famat me fit diſtinguer le bon du mauvais, me laiſſant le tems de refléchir ſur le premier, & me donnant toujours de l'horreur du dernier.

Cet Empire quoique très-grand jouiſſoit d'une pleine paix, à la verité il s'y préparoit de grandes diviſions. Famat me dit qu'avant que nous reviſſions la demeure du Sage, plus d'un million d'hommes périroient en moins d'un an, pour expier en partie les péchez du Prince & des Grands. Il ne me voulut rien dire ſur le ſort de ce Vieillard ; je n'oſai le trop preſſer, parce que de même que votre Zenut, il ne vouloit pas que je cherchaſſe à pénétrer dans l'avenir, autre choſe que ce qu'il avoit ordre de m'apprendre.

Je traverſai pluſieurs Roiaumes & Etats, où le luxe étoit l'unique occupation des Rois ; & du peuple, l'avarice & l'impureté ; celle des Bonzes & de ceux qui étoient préparez au ſervice des differentes Idoles, qui repreſentoient l'eſprit immonde couvert de lames d'or, pour faire voir que ſa puiſſance ſe bornoit à la terre, & aux choſes qui corrompent les bonnes mœurs.

Nous deſcendimes dans le ſuperbe Palais du maître d'un grand Empire : c'eſt un Prince juſte, mais qui ne peut pénétrer juſqu'au fond du cœur de ces Miniſtres, qui emploient tout ce que l'eſprit malin peut ſuggerer de plus ſubtil pour tromper leur maître, & vexer le peuple, le tout pour ſatisfaire à leurs paſſions brutales, & aux dépenſes ſuperflues, leur Souverain les paiant ſuffiſamment : toutes les

Nations de la terre y arrivent dès les Ports de l'Empire qui s'étend au-delà de ce qu'il convient à un Monarque, pour tout voir & tout sçavoir. L'idolâtrie y est sur son trône, & quoique le Prince paroisse vouloir s'en défaire, le Maître de la lumiere n'a pas permis qu'il fût tout-à-fait éclairé : il aime à entendre parler de la verité; mais comme ce sont des hommes qui la lui prêchent, qui ne sont pas dépouillez de la matiere terrestre qui occupe leur cœur, il est difficile qu'ils la puissent mettre au jour dans toute sa pureté, & débrouiller le cahos qui regne dans le cerveau de ce grand Roi.

Que de graces nous avons à rendre au sage Vieillard de nous avoir ouvert le cœur & l'esprit ! Ceux qui sont préposez pour guides de cet Empereur, donnent trop au pouvoir humain, qui en lui-même est si foible, qu'il faut que sa force vienne d'enhaut & de celui qui préside pardessus le globe de feu. Ce Monarque est un homme aussi parfait, qu'un homme comme homme peut être. Il faut quelque chose de plus pour rendre ce Monarque parfait audelà de ce qu'il est, surpassant déja les hommes ordinaires. Nul ouvrier n'a pu de lui même faire une machine plus belle que sa propre structure ; c'est au seul Créateur à qui appartient ce droit. Famat plaignoit le sort & l'aveuglement des milliers de sujets soumis à cet Empire ; il me conduisit ainsi qu'a fait Zenut à votre égard dans tous les Conseils. J'y ai vû toute la malice des hommes déguisée sous le masque de la bonne foi, & les réflexions de Famat en ma faveur ont été les mêmes que celles de Zenut, ainsi je ne les repete pas. Une paix profonde regnoit dans cet

Empire & à la Cour ; il n'y avoit de guerre qu'entre les Courtisans, c'étoit à qui se feroit valoir plus que son voisin, sous le masque de plus grande fidelité, en faisant naître des méfiances, découvrant les défauts des autres, & en donnant liberalement à qui n'en avoit point.

L'esclavage des femmes est terrible dans cet Empire, la brutalité & la méfiance des hommes va jusqu'à leur ôter le pouvoir de marcher, même dans leurs propres chambres. Que l'homme est déraisonnable d'ôter à la moitié de soi-même les perfections qu'elles ont reçûes du Créateur pour les rendre plus heureux en leur compagnie : l'avantage qu'on en retire n'est jamais comparable à la perte qu'on fait. Ces actions ne viennent que de la corruption de la nature humaine ; il semble qu'on ne doit faire mal à personne, s'il n'en a donné le sujet; de même que si un Roi faisoit couper les bras de tous ses sujets, parce qu'il y en aura peutêtre un d'entre eux qui pourroit le tuer. On a des exemples que notre bonheur peut venir des choses que nous attendons le moins, même de celles qui nous auroient ce semble pu nuire; dès que le merite d'un quelqu'un est connu au Souverain de ce grand Empire, il l'éleve aux grandes dignitez: on ne juge des gens ni par ancienneté, ni par la taille & figure du corps; chaque sorte de merite y est récompensée, les gens de lettres & les guerriers: mais lorsqu'on joint avec succès l'art militaire à la connoissance des belles Lettres, on peut esperer des récompenses certaines; comme l'Empereur est informé de tout, & qu'il ne tâche qu'à animer ses sujets à la perfection, rarement les occasions de récompenser lui échapent-elles : il y a toujours quelques Ministres généreux & justes qui prennent plaisir à faire du bien, & les Généraux d'armée se distinguent auprès de leur maître, par louer & par rendre justice aux belles actions des Officiers subalternes, autant ou plus qu'à se donner uniquement la gloire des victoires remportées sur les ennemis. L'Empereur est persuadé que tout Général qui connoît le merite des personnages qui sont soumis à ses ordres, en est bien partagé lui-même : il regarde cela comme une preuve, qui en effet est indubitable. C'est servir son Prince, dit ce Monarque, que de lui faire connoître les bons Officiers, parce que tout homme étant mortel, & ne pouvant compter de vivre le lendemain, il ne peut mieux être utile à l'Etat qu'en procédant de cette sorte, afin que le vrai merite, qui n'est que trop rare dans le monde, ne soit pas enseveli.

J'ai vû d'autres Etats où ces maximes n'étoient pas en usage, parce que le Monarque se rapportant de tout à ses Ministres, ils ignorent souvent ce qui est le plus nécessaire à leur grandeur, ou à leur conservation. Il suffit qu'un Souverain entre quelquefois dans le détail, pour que le Ministre pense à faire son devoir, en apprenant à son Maître ce qu'il pourroit sçavoir d'autre part que de la sienne. On n'imprime aucun Livre dont le titre & la préface ne soit lûe devant ce grand Prince.

Cet Art magnifique de l'impression ne parviendra de long-tems parmi nous. Famat me ravissoit lorsqu'il m'en expliquoit la science. Les beautez & les raretez cez qu'on voit dans ce grand Empire lui donnerent lieu d'y séjourner longtems, me faisant distinguer les perfections, des défauts dont il y a aussi grand nombre, aussi bien que dans un autre qui lui est voisin, où l'autorité souveraine est portée au plus haut degré. L'Empereur n'est pas moins riche que celui dont je viens de parler, il est au milieu des mers comme dans un monde séparé ; les coutumes sont differentes du reste de l'univers, excepté que les nécessitez du corps se déposent comme ailleurs ; tout est particulier dans cet Empire jusqu'aux criminels, qui s'égorgent eux-mêmes la plûpart du tems. Ce que les autres Nations portent à droit, celle-ci le porte à gauche ; ce qu'on boit froid, elle le boit chaud, se couvre & se découvre aussi bien differemment des autres païs.

L'Empereur prédecesseur de celui d'aujourd'hui aiant envoié des Emissaires dans les Roiaumes voisins examiner la conduite que tenoient les Communautez de Bonzes, on lui a rapporté qu'il sembloit qu'il y avoit une malediction attachée à cet Etat; il les a laissez comme ils étoient, quoique mauvais, puisqu'ils avoient mis l'Empire à deux doigts de sa ruine; mais considérant que les Bonzes ne pouvoient être détruits que par eux-mêmes, & qu'on ne pouvoit mieux faire que de les laisser s'abîmer les uns les autres, sans que ni le Souverain ni les sujets prissent part à leur querélle. Cet Empereur en a déja détruit grand nombre de la sorte. Mon sage conducteur m'exhorta à me souvenir de cette leçon, afin d'amener la pureté dans les Etats que le Maître du monde m'avoit destiné.

Cet Esprit bienheureux me fit promener sur les Mers pleines d'isles très-fertiles, dont les habitans sont généralement paresseux, & laissent tout faire aux Etrangers ce qu'ils veulent ; des millions d'hommes leur sont sujets, quoiqu'ils ne soient qu'une poignée de monde même dans leur païs. Une des causes de leur grandeur est qu'ils n'ont de communauté chez eux que celle de l'assemblée de l'Etat; s'il n'avoient pas l'avarice pour but de leurs actions, ce seroit des gens qui approcheroient de la perfection ; mais elle leur obscurcit l'esprit & les lumieres, qu'ils obtiendroient du Créateur de la lumiere même sans cela ; tant il est vrai, qu'il faut que l'homme remplisse sa carriere, afin de donner matiere au Maître du monde d'user de sa bonté envers lui.

Ces Etrangers ont fait un établissement magnifique au bout de la terre, qui sert à faire trouver des rafraichissemens pour leurs vaisseaux. Famat voulut que j'en visse l'ordre & la disposition magnifique. Admirez, me dit-il, les décrets de la Providence par la difference du génie de cette Nation à celui qui touche cette Ville, qui n'a pas ombre de raison, à peine peut-on discerner si ce sont des hommes ou des bêtes. En continuant notre route, nous descendimes dans le Palais d'un grand Monarque gardé par des femmes : tout y brille d'or & de pierreries, autant les hommes sont noirs, autant le Palais est-il brillant. Ils paroissoient comme des meubles au coin d'une chambre, la lumiere naturelle les guide ; à la molesse près, ils sont moins mauvais qu'ailleurs. Famat me fit voir la difference qu'il y avoit entre un Roi brillant de gloire par ſes vertus, & un Roi tel que celui que nous voïions devant nous, qui reſſembloit à une bête bien ornée de bijoux, aſſiſe dans un Palais, & ſes femmes à des domeſtiques qui la panſoient : rien n'étoit là digne de remarque, ſi on n'en excepte l'abondance de l'or. Nous y fîmes peu de ſéjour, nous fumes au Temple où on adore le feu, au lieu d'adorer celui qui l'a produit & créé. Les Bonzes & Sacrificateurs du feu étoient de bonnes gens. Nous traverſames les airs deſſus ce riche Roiaume, tout y vivoit dans la moleſſe & dans la pareſſe, puis deſcendimes dans le Palais d'un autre Roi, qui étoit à peu près de même que le précédent, cependant plus attaché à ſon Etat : il entroit dans le détail de ſes affaires, & la chaſſe ne l'occupoit pas ſi fort qu'il ne penſât au bien de ſes ſujets. On adore encore le feu dans ces Etats; mais on y a déja quelque teinture de la grandeur & de la misericorde du Toutpuissant envers les hommes. Ce Monarque est voisin d'un plus grand Roi que lui, & dont les lumieres sont plus grandes dans les choses célestes: le moment viendra que ce peuple sera entiérement éclairé, le Créateur aiant de tout tems aimé à se manifester à cette nation. Il y a des communautez de Solitaires qui vivent en le priant continuellement pour la prosperité du Roi & de son Roiaume. Au couchant de ce grand Etat sont diverses nations adonnées à toutes sortes de vices d'idolâtrie, soumises à l'esprit immonde; il semble que le Créateur ne les a fait que pour être misérables: Elles n'ont aucun goût ni délicatesse, leurs actions n'ont aucun but réel; ils se livrent à tous les mouvemens du corps, font fujets à d'horribles infirmitez, que leur caufe ce qu'on appelle ailleurs la débauche.

Dans de certaines faifons les Vierges courent après la perte du tréfor dont elles font en poffeffion, avec autant d'empreffement qu'on les conferve ailleurs; tout fent la bête & l'animal: ils fe donnent & fe vendent pour leurs befoins reciproques, plutôt que de s'attacher à fe les procurer par leur travail; ils font par là, tantôt le métier de l'homme, tantôt celui de la bête. Si cette Nation eft affez dépourvûe de fens pour fe détruire de la forte, elle en trouve d'affez cruelle qui l'incite à continuer dans ce train de vie contre les principes & les regles qui lui font prefcrites par le Créateur, donnant la préference à l'avarice dans fon cœur, quoiqu'elles fentent bien qu'elles font mal, & qu'elles sont destinées à la pratique des vertus, sans lesquelles elles ne peuvent parvenir au bonheur éternel.

Famat souffroit en me montrant ces horreurs, je remarquois que toutes les actions des hommes contre les ordonnances du souverain Etre, l'affligeoient, & qu'il étoit ravi de me faire observer celles des humains qui tendoient au bien. Ce digne serviteur du Très-haut me conduisit dans la Cour d'un tyran, qui exerçoit sa tyrannie depuis plus d'un demi siecle, sur ses propres sujets, desquels il tranchoit le fil de la vie avec autant de plaisir, qu'un boucher coupoit la viande pour la vendre : il est vrai que ses actions sanguinaires avoient pour but l'avarice. Les Nations dont j'ai parlé ci-devant, qui faisoient commerce d'hommes, & qui les réduisoient dans l'état de bêtes,

étoient

étoient traitées de même dans l'Empire de ce Tyran. Le Souverain Maître permettoit que cela arrivât de la sorte pour les punir de la cruauté de leurs compatriotes envers ces pauvres miserables, ausquels ils auroient dû être de secours, & servir de guides dans le bon chemin, plutôt que de les réduire dans un état affreux. Chacun de ceux qui étoient dans l'esclavage du Tyran, payoit au centuple les souffrances que leurs Nations faisoient souffrir aux autres; elles leur étoient d'autant plus ameres, que leur orgueil ne leur permettoit pas de reconnoître la cause du châtiment qu'ils subissoient, la plûpart d'entre eux aiant prêté leur ministere pour exercer ces horreurs. Le Tyran poussoit sa méchanceté jusqu'à satisfaire son avarice, en ne les mettant en liberté pour de très-grosses sommes, que lorsqu'ils etoient hors d'état par leur vieillesse de se venger contre ses Sujets, du traitement qu'ils avoient reçu de lui. Celui qui dirige toutes choses permet qu'il y ait des fléaux, même sur la terre, pour corriger la malice des hommes. Heureux sont ceux qui en reconnoissent la verge qui les frappe, ils commencent à entrer dans le chemin de la félicité bienheureuse. L'exemple de ce vieux Tyran est suivi par toute la Côte de la mer, pas tout-à-fait avec la même cruauté, les voisins n'agissant que par un principe d'avarice, au lieu que le Tyran se délecte à répandre du sang : les uns & les autres ne font nulle reflexion à la main qui les frappe, sans s'humilier devant le Toutpuissant, & reconnoître que toutes sortes d'actions cruelles lui déplaisent, même lorsqu'elles font exercées envers les propres ennemis.

Famat aiant quitté ces Contrées, me mena dans d'autres peu éloignées delà, où je vis des Nations policées, qui avoient l'humanité peinte sur le visage, mais dont le cœur etoit aussi en partie corrompu : elles se faisoient une guerre affreuse ; je vis le siege d'une Place sur lequel Famat me fit plusieurs remarques, tant sur la maniere dont on l'attaquoit, que sur celle dont elle étoit défendue : la colere du Toutpuissant sur les hommes y étoit dans son Trône ; il les punissoit par leurs propres mains : la Ville étoit remplie de débauches, crime qui mene à la rebellion envers les Souverains, après qu'on a été rebelle à son Créateur : deux jeunes Heros étoient à la tête des deux parties, qui augmentoient le carnage par leur préfence dans toutes les attaques qu'on faifoit. Famat élevé audeffus de cette Ville malheureufe, me dit : Admirez les decrets du Ciel, toute une grande Nation foûtient les intérêts du Heros qui attaque cette pépiniere de rebelles; celui qui la défend eft un autre Heros parent du premier. Plufieurs milliers d'hommes font péris & périront dans cette guerre, uniquement pour punir le genre humain; & la conclufion fera que ce Prince pour qui tant d'hommes periffent, aura plus d'empreffement à defcendre du Trône, qu'il n'en a à préfent pour s'y maintenir, étant deftiné à une perfection audeffus de celle des Rois de la terre. Le Héros qui lui difpute fera le premier à l'y foûtenir contre les machinations des Nations que vous voiez, qui viennent pour l'en débouter aujourd'hui de concert avec lui. Voiez ces Vaisseaux, regardez ces voiles, le Créateur est irrité de la dureté du cœur de l'homme, il va répandre une grande obscurité sur la terre, seul moien de faire finir l'horreur de ce siege, parceque le Toutpuissant n'aime pas la ruine totale du genre humain, mais seulement sa correction : quoique cette ville soit secourue, & qu'elle pourra subsister dans sa rebellion, elle n'est pas quitte pour cela du châtiment de ce crime, à moins que le petit nombre de justes qu'elle renferme, ne la sauve d'une ruine totale à l'avenir. Famat n'avoit pas cessé de parler, que les Navires arriverent, & l'obscurité commença. La joie d'un côté, la confusion de l'autre, faisoient deux spectacles differens, où je n'aurois rien pu comprendre, si Famat ne m'avoit expliqué les secrets de la Providence sur ces Nations, de la malice desquelles ce divin Maître se joue, en les faisant détruire par eux-mêmes, pour diminuer le nombre des méchans sur la terre, & faire retourner le cœur de l'homme à rechercher sa misericorde.

Nous passames de ce spectacle tumultueux à un autre bien plus tranquile. Mon conducteur m'aiant transporté sur le sommet d'une montagne, d'où je pouvois encore voir aisément le tumulte de la Ville secourue, & la tranquilité dont jouissoient des hommes dévouez à servir l'Etre suprême qui gouverne tout le monde. J'admirai le bonheur dont jouissent les justes, même sur la terre. Cette montagne étoit environnée de ces bienheureux Solitaires, de differentes Nations; il y en avoit de toutes celles qui à quatre pas delà travailloient avec tant d'ardeur à se détruire ; c'étoit pour moi de grands sujets de reflexions au-dessus de ma portée. Famat venoit à mon secours avec sa bonté ordinaire, & m'expliquoit que plusieurs de ces Saints avoient été la plûpart Generaux ou Officiers d'armées, qui aiant connu le peu de fonds qu'il y avoit à faire sur les biens de ce bas monde, s'étoient consacrés d'avance, & séparés en quelque maniere de la terre ; leurs ames languissoient dans leurs corps, comme le corps languit dans la sépulture, en attendant qu'il en puisse être délivré : toujours les yeux élevez en haut, ils poussoient des soupirs ardens pour le bonheur de tous les humains : chacun d'eux avoit une petite retraite dans le roc où séjournoient des esprits bienheureux qui les soûtenoient dans leurs travaux, & les consoloient dans leurs afflictions, qui n'étoient autre chose qu'une langueur qui provenoit de l'ardeur qu'ils avoient de s'approcher de la source divine de toutes bonnes choses.

Famat me fit voir la difference qu'il y avoit entre ces Solitaires & ceux des païs que nous avions visités. Le zele de ceux-ci étoit animé par l'esprit saint, au lieu que les autres étoient subjuguez par le maître de toute méchanceté : leurs ames vivoient dans les ténebres ; tout ce qui paroit d'eux, leur ressembloit ; leurs principales actions consistoient à renverser la figure de leurs corps, digne ouvrage du démon qui ne peut rien souffrir de ce qui ressemble à l'image du souverain Maître. C'est de ces figures renversées par ses soins, que les Nations avoient pris le modèle des statues d'idoles affreuses, dont leurs Temples sont remplis.

Les bienheureux Solitaires de cette montagne en occupoient la partie la plus haute, & plus bas étoit un Monastere ou Congrégation de dévots moins solitaires & moins parfaits, qui passoient leur vie à de saintes méditations, & au soulagement spirituel des peuples. Ils recevoient les confessions des fautes de ceux qui arrivoient, ainsi que le sage Vieillard reçut la nôtre dans le Temple où nous fumes separez, & depuis aussi réunis à nos corps. Le Maître du monde se montroit ici sous une apparence differente, mais plus douce que celle du Temple desservi par le Vieillard. Famat s'étant prosterné devant le souverain Etre, le pria en ma faveur; il me promit de sa part, que je pourrois parvenir à le connoître par les soins d'un sien Serviteur qu'il envoieroit dans nos Contrées, avant que je fusse au rang de ceux qui l'attendent en paix.

Si l'habillement de ces Solitaires étoit semblable à celui des Bonzes de nos Etats, ou à peu près, il ne couvroit pas la malice dont ils sont pétris, quoique soumis aux foiblesses humaines ; ils s'attachoient à y résister, ne leur donnant le cours que le moins qu'ils pouvoient, dont ils faisoient prompte pénitence, & pour l'ordinaire partoient de ce monde avec une franche espérance d'être purifiez, & reçus en grace, ainsi que les Saints qui étoient parmi eux les en assuroient. Plusieurs pélerins de toutes Nations venoient en ce Temple comme à la Ville de la paix, offrir leurs peines, & la repentance de leurs fautes, à celui qui préside à tous biens, & qui en est la source. Il se plaît d'y être adoré d'une maniere particuliere, & a laissé de précieux gages de cette volonté par les merveilles qui en procedent tous les jours envers ceux qui le craignent, qui trouvent des secours en ce lieu, ausquels ils ne peuvent raisonnablement s'attendre que par cette même bonté du Très-haut.

Osmundar remit dans cet endroit la continuation de son histoire à une autre fois: & pour suivre le fil de l'histoire que j'ai commencée, je dirai que le Gouverneur du Prince étant de retour du Païs des Muets, rapporta aux Rois, que l'Ambassadeur étoit d'une terre inconnue, qu'il avoit en sa compagnie un homme de la figure de Glantzby, que ce Ministre étoit incommodé. Il dit de plus, qu'il avoit donné les ordres de lui fournir tous ses besoins & à sa suite, les aiant logé commodément, suivant le lieu. Il fut résolu qu'on ameneroit cet homme venu avec le General, qu'il seroit présenté au Roi, après que je lui aurois parlé. Cet Etranger étoit de race Chrétienne; son grandpere avoit renoncé au Christianisme pour embrasser le culte du Païs de l'Ambassadeur, afin de sauver sa vie. Il fut depuis Interprete de l'Empereur du Japon.

C'étoit lui qui avoit inspiré à ces Païens le moien de differencier les Catholiques Romains des autres Chrétiens, voulant servir sa Nation, persuadé que ni les Espagnols, ni les Portugais ne voudroient pas sauter sur le Crucifix, ou le frapper du pied. Le nouveau venu parloit bon Hollandois, & servoit d'Interprete, comme son aïeul, à l'Empereur du Japon, d'où venoit l'Ambaſſade. Il me dit, que ſur l'avis que ce Prince avoit eu, que dans ces Païs un Chrétien gouvernoit tout, il avoit envoié un Seigneur avec lui, pour exhorter le Roi à ſe défaire de moi. Cet Interprete aiant eu diverſes converſations avec des Hollandois, ne vivoit plus avec plaiſir parmi les Japonnois : il me dit qu'il me feroit fort obligé, ſi je le pouvois tirer de leurs mains. Je le conſolai, & le remerciai de s'être ouvert à moi, n'y aiant pas de meilleur moien pour revoir la Patrie de ſes Ancêtres, que de laiſſer un libre cours à l'Ambaſſadeur d'expoſer ſa Commiſſion. Il m'apprit auſſi qu'il étoit venu ſur une bonne Jouque qui avoit de l'artillerie à bord, de la poudre & des armes, qu'il s'étoit paſſé peu de jours depuis le départ des terres de l'obéissance du Japon, où les nouvelles de ce Roiaume faisoient grand bruit par des Bonzes qui étoient arrivez dans cet Empire, sur des bâteaux conduits par des Muets qui avoient fait une relation de tout ce qui se passoit dans ces Etats peu connus, excepté la terre des Muets. On regardoit ces Païs comme habitez de Nations presque sauvages. Cet echapé Européen me promit fidelité en toutes choses; & comme ce n'étoit que par notre moien que les Rois pouvoient entendre la Commission, dont l'Ambassadeur étoit chargé, en servant-lui & moi d'Interpretes, il m'étoit aisé de faire tomber les choses du côté où je le souhaiterois.

J'informai le Roi de tout ce qui se passoit, l'instruisis des mœurs & coutumes des peuples du Japon; entre autres de celles dont ils se servoient envers les Etrangers, en desarmant leurs Vaisseaux jusqu'à leur départ. J'instruisis aussi le Roi Loriman de la grandeur qu'observoit l'Empereur du Japon à la reception des Ambassadeurs, & lui conseillai de ne se point faire voir que sous un pavillon magnifique au milieu de ses Generaux & de l'élite de ses troupes. Le Roi en plein Conseil trouva bon que je prisse un gros détachement de Cavalerie, que j'allasse audevant de l'Ambassadeur, & que je le conduisisse à la Cour. Je conseillai de fortifier le Port des Muets, puisqu'il étoit connu ; ce qui fut fait en peu de tems, les peuples dociles qui habitent cette Province, étant très laborieux & fort obéissans. Je trouvai l'Ambassadeur très bien guéri, avec une grosse suite armée de fusils, & autres bonnes armes. Je l'assurai qu'il seroit vû à la Cour avec plaisir, mais que l'on vouloit qu'il observât ce qu'on pratiquoit au Japon, sçavoir, qu'il trouveroit bon qu'on desarmât sa Jouque, & que les armes, hors les épées, fussent serrées en un lieu dont il auroit une clef, & le Capitaine de la Garde une autre. Après quelques difficultez il y consentit; tout se passa de bonne foi. J'avois été à Nanquezaque, & connoissois les mœurs des Japonnois. Cet Ambassadeur disoit quelquefois à son Interprete, qu'il étoit fâché d'être chargé d'une commission pareille à la sienne, puisqu'il recevoit tant de bons traitemens de moi. Nous nous mimes en marche pour la Cour, où l'on avoit préparé une tente toute brillante d'or pour l'Ambassadeur: il y fut logé, après avoir traversé l'armée. Le jour de de l'Audience indiqué, le Roi parut sous son pavillon avec la Reine, Osmundar, les Seigneurs & les Anciens. L'Ambassadeur se présenta avec beaucoup de modestie, donna sa Lettre de créance, parla en Japonnois, qui me fut expliqué en Hollandois par l'Interprete, & je la rendis au Roi en la Langue du Païs. La Lettre portoit en substance:

» Qui que tu sois, Roi ou « Prince, qui domines les terres « d'où ont été chassez les Bon- « zes, moi Empereur du Japon « &c. j'envoie Sembrondon Sei- « gneur dans mes Roiaumes, « pour t'inviter à recevoir mon « amitié, pourvû que tu fasses « sortir de chez toi le Chrétien « qui sous prétexte de te faire « du bien & à tes Sujets, atten- « tera à ta vie avec le tems: c'est « une engeance impie, ennemie « des Dieux & de leur culte, à «

» qui les mauvaises actions ne
» coûtent rien : ils ont voulu
» bouleverser l'Empire heureux,
» sur le trône duquel je sieds,
» pour en faire leur proie, mais
» ils en ont été punis : punis-les
» aussi en la personne de celui
» qui est chez toi ; & tu peux t'at-
» tendre à toutes sortes de biens
» de moi, secours & protection,
» avec une longue vie, en récom-
» pense de cette bonne œuvre. Si
» tu veux m'envoier un Ambas-
» sadeur, je le recevrai au pied
» de mon trône, & l'écouterai.

Le Roi aiant entendu ce discours, en fut indigné, peu s'en fallut qu'il n'en témoignât quelque chose à l'Ambassadeur, mais il se contenta de faire un signe de tête. L'Ambassadeur se retira comme il étoit venu, & fut reconduit en cérémonie sous son pavillon, où on le régala magnifiquement.

Je fis un récit aux Rois de tout ce qui s'étoit passé au Japon, d'une maniere à leur faire voir le tort de cette nation, qui aiant donné dans les fourbes pieuses de leurs Bonzes, étoient privez de la lumiere, vivant dans la cruauté & dans une ferocité qui les rendoit insociables à toutes sortes de Nations. La severe coûtume de faire périr toute une parenté pour un coupable, parut aux Rois quelque chose de très-violent & de très-injuste: cependant aiant fait voir que la puissance de l'Empereur du Japon n'étoit pas à méprisér, je conclus à ce qu'on lui envoiât une Ambassade magnifique, m'offrant d'être du nombre, pourvû qu'on gardât l'Ambassadeur en ôtage jusqu'à mon retour. Je proposai le Prince Nortbety lui-même pour Ambassadeur, afin qu'il prît une idée vraie & juste de ce Roiaume; qu'en attendant, l'Interprête Japonnois travailleroit à lui apprendre la langue de son Païs. On disposa toutes choses pour ce voiage, & on envoia d'avance trois des serviteurs de l'Ambassadeur, rendre compte de son arrivée, & de la reception qui lui avoit été faite, avec avis de l'Ambassade qu'on préparoit pour le Japon, où je devois être, si l'Empereur le trouvoit agréable. L'Ambassadeur se louant beaucoup de moi, & aiant fait une rélation convenable, on eut nouvelle en deux mois de tems, que la Cour du Japon acceptoit l'offre qu'on lui faisoit d'une Ambassade, & que je fusse avec lui. Je choisis des Muets affidez & de bons Officiers pour m'accompagner, & donnai toutes les leçons qu'il falloit au Prince Ambassadeur qui étoit d'un excellent naturel.

Nous nous embarquames sur la Jouque avec quelques Japonnois, & arrivames au premier Port de l'obéiſſance du Japon: les ordres étoient déja donnez de nous bien recevoir, & de nous mener à la Cour. On regla le cérémonial; je ne voulus pas que le Prince fît aucune revérence que convenable à ſa qualité: comme on vit que nous étions fermes là-deſſus, que d'ailleurs on étoit très-curieux de nous voir, l'Empereur paſſa les regles ordinaires; nous arrivames au Trône, le Prince prit la Lettre de créance de ma main, la donna à l'Empereur, puis l'harangua en ces termes:

» L'eſtime que le Roi de Nor- « reos mon pere fait de toi, eſt « cauſe qu'il n'a fait d'autre at- « tention à ce que lui a dit ton « Ambaſſadeur, qu'à la promeſſe « que tu lui fais de ton amitié, «

» non au prix que tu la lui offres,
» car le personnage que tu lui
» demandes lui est cher & à tous
» les Roiaumes de sa domination.
» Comme il est aussi généreux
» que tu es grand Prince, il a
» bien voulu de son plein gré
» s'exposer à venir dans tes Etats,
» pour te montrer qu'il n'est
» point ce que tu crois, mais
» bien un homme digne de ton
» estime. Le voici, je te le pré-
» sente comme la plus grande
» marque d'amitié que mon pere
» puisse te témoigner, afin que
» par es bons conseils on puisse
» lier une honnête correspon-
» dance entre ses Etats & les
» tiens. Quant à ta protection,
» mon pere a celle du Ciel qui
» vaut mieux, mais ton amitié
» pour lùi & ses Alliez lui sera
» chere. J'ai ordre de regler une
» correspondance entre tes Etats
» & les nôtres, fondée sur l'é-

quité & la raison, nous en pré-«
fererons le commerce à d'au-«
tres Roiaumes voisins,& nous te «
souhaiterons longue vie & bon-«
heur: tes ennemis seront les nô-«
tres, si ce que je te dis de la part «
de mon pere, te convient. Grand «
Prince, tu peux t'en expliquer, si-«
non je partirai, & nous serons «
comme nous étions ci-devant. «
Au surplus, tu peux être sûr que «
ton Ambassadeur est bien trai-«
té dans l'Empire de Norreos: «
j'espere que je continuerai à «
l'être aussi chez toi, puisque la «
justice fait la regle de tes ac-«
tions, & qu'aucun intérêt ne «
t'oblige d'être mal avec nous. »

L'Empereur aiant entendu le discours du Prince, rendu par son Interprete, répondit sur le champ : » J'accepte ce que tu «
m'offres, à cause de la vertu qui «
paroît dans ton cœur, que tu «
nous a fait voir par ton discours «

» audessus d'un Prince de ton
» âge. Tu seras traité comme
» mes enfans, & comme mon fils
» aîné, & seras logé comme moi
» dans le paradis de ce monde.
» Je profiterai de la conversation
» de l'Etranger que tu as avec
» toi, & verrai par moi-même
» s'il est tel qu'on le croit à Nor-
» reos; il recevra de moi hon-
» neur & récompense.

L'Empereur ordonna que le Prince fût logé dans le Palais; dès le soir même il mangea avec lui; je le servis, & l'Empereur me fit bien des questions pendant le repas, auxquelles je répondis d'une maniere digne de la confiance que le Roi de Norreos avoit en moi. Ce grand Roi du Japon prit tant de goût pour le Prince, qu'il lui offrit une de ses filles en mariage; ce qu'il agréa sous le bon plaisir du Roi de Norreos son pere, dont on

reçut

reçut le consentement en peu de tems avec de très-grands présens en morceaux d'or naturel, desquels l'Empereur ne voulant point profiter, il en fit travailler de la vaisselle qu'il rendit à sa fille en partant, y joignant tout ce qui pouvoit être nécessaire. Je traitai de plusieurs sortes de choses utiles au Roiaume de Norreos contre de l'or que j'avois apporté en abondance. Le bruit du mariage futur du Prince s'étant répandu dans le Palais, causa une grande allarme entre les Princesses; elles étoient trois. L'Empereur prétendoit marier le Prince à la Japonoise; mais instruit par moi, il lui représenta qu'il ne pouvoit être uni pour toujours à une Princesse qui auroit peutêtre de la répugnance pour lui, qu'il convenoit qu'il eût l'honneur de la voir auparavant; que voulant meriter celui qu'il recevroit d'elle, il

T

vouloit être persuadé de ne lui pas déplaire, suppliant l'Empereur de lui laisser voir la Princesse. L'Empereur me dit en particulier que c'étoit contre l'usage d'en agir de la sorte : je lui répondis que l'offre du mariage étant venue de sa part, le Prince me paroissoit juste & respectueux dans sa demande; qu'étant plein d'honneur, l'Empereur pouvoit prendre confiance en sa personne; que d'ailleurs Sa Majesté verroit avec plaisir qu'il y eût de la simpatie entre les deux sujets; que ce seroit une consolation pour lui que sa fille fût aimée de celui à qui elle seroit destinée. L'Empereur qui avoit résolu d'être complaisant jusqu'au bout, consentit à la demande du Prince, en disant : Voici des hommes nouveaux qui ont pris un ascendant sur moi dont je ne suis pas le maître. Il nous mena au Palais des femmes, les Princesses étoient parées aussi richement que le firmament dans son plus bel éclat : elles se jetterent aux pieds de l'Empereur à son arrivée. Il leur dit, Mes enfans, voici un époux pour l'une de vous, expliquez-moi chacune votre sentiment après que vous aurez fait un tour de jardin avec ce Prince. On dansa, il y eut concert à la mode du Païs, & je demandai la permission de pouvoir jouer un air à la façon du mien, elle me fut accordée : j'avois mon flageolet, je jouai l'aimable Vainqueur ; le Prince sçavoit assez de musique pour accompagner, il s'en acquita dignement ; & ce qu'il y eut de plus curieux, c'est qu'un cher petit oiseau que j'avois toujours avec moi dans une poche de ma veste faite exprès, y étoit pour lors : je le sortis ; l'aiant mis sur mon doigt, il chanta à son tour. L'Empereur en fut charmé;

comme on fit un grand cri de joie, mon petit oiseau eut peur, & vola sur le sein d'une des Princesses pour se refugier, où il recommença bientôt son ramage. Le Prince regarda le choix de l'oiseau comme un ordre du Ciel sur ce qu'il devoit faire. Il se prosterna aux pieds de l'Empereur, le priant de lui accorder la Princesse où l'oiseau avoit pris retraite, si elle y consentoit. Elle resta dans un profond silence, baissant les yeux. L'Empereur demanda à sa fille, si elle vouloit le Prince; elle embrassa les genoux de son pere, & ce Monarque leur aiant mis les mains les unes dans les autres, ils se donnerent la foi. Au sortir du jardin on retourna au quartier de l'Empereur, qui annonça le mariage du Prince à tous ses Grands. On fit des réjouissances par toute la ville de Zedo, les plus belles qu'on eût jamais vû dans ce païs-là. La Princesse demanda le petit oiseau, je lui appris la maniere de le nourrir, l'aiant auparavant avertie qu'il étoit nécessaire que je le visse tous les jours de peur qu'il ne mourût : il se trouva si bien des caresses de l'aimable Princesse, qu'il commença en peu de tems à jaser des airs Japonois, elle apprit aussi ceux que le petit oiseau sçavoit, qui devinrent communs dans leur Palais, chacun les chantoit.

Le Prince moderoit son impatience sur le mariage, pour faire voir à l'Empereur qu'il avoit raison de le croire prudent audessus de son âge ; la Princesse étoit aussi belle qu'on peut l'être en ce païs-là, elle répondoit avec plaisir & empressement aux politesses qu'elle recevoit du Prince, qui parloit déja joliment Japonois. Quoique cette Nation soit adroite, le Prince de Nortbety surpassoit les plus agiles : il étoit universellement respecté. Cependant un jour qu'il se promenoit avec moi & un Seigneur de la Cour hors de la Ville, un Cavalier s'approcha de lui d'une maniere assez brusque, lui présenta son épée, disant, Tue moi, ou permets que je t'ôte la vie en nous battant. Le Prince crut que cet homme étoit fol ; mais s'étant découvert, le Seigneur Japonois le reconnut pour être le neveu de l'Empereur, qui s'expliqua sur le sujet de ce défi ; disant, qu'il étoit amoureux de la Princesse qui lui avoit donné sa foi, qu'il ne pouvoit survivre à l'affront qu'on lui faisoit de la donner à un autre, d'autant plus qu'il en avoit reçû des faveurs, & qu'elle étoit dans un état à pouvoir verifier ce qu'il avançoit. Le Prince regarda la chose comme une supercherie ; il étoit si amoureux qu'il prit pour une grande injure ce que le Japonois avoit dit de sa future; & mettant l'épée à la main, le combat commença vivement entre eux deux. Le Seigneur Japonois courut à la Ville rendre compte à l'Empereur de ce qui étoit arrivé. Le sort du combat fut funeste pour son neveu, le Prince de Nortbety lui aiant abatu un morceau du crane qui le mit hors de combat, il voulut s'achever lui-même ; je l'en empêchai, & le portai dans un tombeau voisin qui étoit ouvert, où je le pansai le mieux que je pus malgré lui, aiant été obligé de le lier & de le garder à vûe pendant que le Prince courut aux pieds de l'Empereur demander grace pour son ennemi, avec offre qu'il fit de sa vie pour racheter la sienne. Le Monarque inéxorable vouloit le faire mourir sur le champ, si l'Ambassadeur ne s'y fût opposé : l'ignominie dont le blessé couvroit l'Empereur, l'irritoit au suprême degré; mais son fils aîné aiant joint ses prieres à celles de l'Ambassadeur de Norreos, il se laissa fléchir pour un moment. On donna un garde au blessé, qui ne lui permettoit aucun mouvement de ses mains pour se nuire. L'Empereur envoia un Juge fidele & secret, pour recevoir sa déposition sur ce qu'il avoit avancé. Toute la joie de l'Empire fut changée en une grande tristesse, quoique le peuple ne sçut pas au vrai de quoi il s'agissoit : les uns admiroient la générosité du Prince Ambassadeur, les autres maudissoient le jour de son arrivée au Japon ; mais en général toute la Cour lui trouvoit une grandeur d'ame des plus nobles. Quand l'Empereur fut revenu de son premier mouvement de colere, il se transporta incognito avec le Prince, un Ministre & moi au tombeau dont on n'avoit pas encore tiré le blessé : il voulut entendre de sa bouche ce qu'il avoit dit ; il manqua de perdre la vie à la vûe de l'Empereur ; mais aiant été rassuré, il déclara le commerce secret qu'il avoit eu avec la Princesse pendant deux nuits, après avoir soupiré longtems, disant qu'il y avoit été porté par les propres conseils de son pere, sur ce que l'Empereur lui avoit promis une de ses filles en mariage ; la question rouloit de sçavoir laquelle des Princesses avoit failli, le malade ne pouvoit l'expliquer : l'Empereur qui portoit avec lui les portraits des trois Princesses en mignature, les présenta au blessé, qui prit celui de l'aînée, le baisa, & tomba de nouveau en défaillance. Le Prince de Nortbety fut hors d'intrigue, & content au suprême degré ; je tremblois pour la fienne qui s'étoit emparée de fon cœur; celle qui lui étoit promife étoit la puifnée. L'Empereur aiant attendu qu'il fut nuit, ordonna qu'on portât le bleffé dans une cave du Palais, remplie d'or, où il enferma la Princeffe aînée & fon amant avec du ris fec & de l'eau pour toute nourriture. Déja fix femaines s'étoient écoulées fans que l'Empereur pût être fléchi; le vrai n'étoit fçu que par ceux qu'il avoit employé dans ce myftere; mais en général la ville de Zedo étoit un féjour des plus triftes. La colere de l'Empereur augmentoit par l'opiniâtreté où perfiftoit le prifonnier de ne vouloir découvrir par quel moien il étoit entré dans l'appartement des femmes; la Princeffe coupable n'en fçavoit rien. Mais enfin fes fœurs tomberent fi malades de chagrin, que l'Ambaffadeur de Norreos deſeſperoit de la vie de ſa Princeſſe, il demanda à l'Empereur la grace de pouvoir parler au Prince bleſſé, l'aſſurant qu'il en tireroit la ſatisfaction qu'il ſouhaitoit; ce Monarque y conſentit à la fin. Aiant été introduit ſeul dans le caveau, il tint ce diſcours au priſonnier.

Vous êtes bien en droit, Prin- « ce, de mourir, ſi vous voulez, « plutôt que de reveler votre ſe- « cret; mais le même honneur « qui vous fait agir de la ſorte, « vous défend d'être la cauſe « de la mort de la Princeſſe qui « m'eſt deſtinée, & de ſa ſœur, « qui ne peuvent vivre avec le « déplaiſir de ſentir votre Prin- « ceſſe dans l'état où elle eſt; « comme elles ne vous ont jamais « fait de mal, leur vie eſt préfe- « rable à celle d'un malheureux, « qui vous a trompé & l'Empe- « reur auſſi : s'il n'étoit queſtion «

» que de la mienne, je vous l'offri-
» rois de bon cœur. » L'amante
du blessé aiant entendu ce que
le Prince rapportoit de la maladie de ses sœurs, joignit ses prieres à celles de l'Ambassadeur. Ce
Prince aiant laissé échaper quelques soupirs, lui dit d'une voix
foible : » Vous avez trop de me-
» rite, Prince, pour que je ne con-
» tribue pas à votre bonheur, je
» renonce aux mouvemens de
» mon cœur ; je vous ai insulté,
» & je vous dois trop pour ne pas
» contribuer à votre satisfaction.
» C'est Sondrom le grand Bonze
» qui a placé au Palais un hom-
» me nommé Arnom, comme
» Eunuque, & qui ne l'est point,
» lequel m'a facilité l'entrée dans
» les premieres chambres de l'ap-
» partement des femmes, sous
» cet habit : une esclave de la Prin-
» cesse m'aiant revêtu des siens,
» m'a facilité les moiens de par-

venir auprès de sa maîtresse, « dont j'ai abusé ; elle ignora ab- « solument qui j'étois; & frappée « d'un sommeil qui lui avoit été « suggeré par cette même fem- « me, je travaillois à former une « émeute dans le Palais pour l'en- « lever, & m'en aller hors de « l'Empire avec elle. Malgré tou- « tes les difficultez apparentes, « j'aurois réussi si vous n'étiez pas « arrivé dans ce païs, & que cet- « te femme ne fût pas morte ; « mon dessein étoit même de me « refugier dans les terres des « Muets sujets du Roi votre pe- « re, en attendant que mes amis « eussent pu faire quelque chose « pour moi ; il ne me reste plus « qu'à mourir, c'est la seule gra- « ce que je demande à l'Empe- « reur, avec celle de ma Prin- « cesse, puisqu'elle est innocente. « Comme vous avez la liberté de « parler à ce Monarque, & qu'il «

« vous aime, aiez pitié de cette
« Princesse abusée, les Dieux que
« vous servez vous le rendront
« au centuple. » Le Prince de
Nortbety étant retourné vers
l'Empereur, lui raconta ce qui
s'étoit passé entre lui & le prisonnier, arrosant les pieds du
Monarque de ses larmes, demandant grace pour tous les deux.
L'Empereur affligé se retira sans
rien répondre, demandant à être
seul. Ensuite aiant fait appeller
le Prince de Nortbety & moi, il
nous tint ce discours. « Qui que
« tu sois, Chrétien ou autre, dis-
« moi ton sentiment sur ce que
« j'ai à faire dans la circonstance
« présente; je vois que je suis tra-
« hi, jusques dans l'interieur de
« mon Palais, parle-moi avec la
« franchise qu'on dit qui t'est si
« naturelle, & je t'écouterai; je
« sens bien que ce n'est pas de mes
« serviteurs que je puis tirer des

conseils desinteressez & sans «
passion, tu le dois pour l'inte- «
rêt que je prens au Prince Am- «
bassadeur, que j'aime comme «
mon propre fils. » Je fus long-
tems sans répondre, mais ce Monarque m'aiant de nouveau ordonné de parler, je m'expliquai en ces termes.

Pour donner un conseil salu- «
taire à Votre Majesté, il seroit «
à propos que je sçusse au vrai la «
promesse qu'elle a faite au pere «
du Prince qui l'a offensée: la «
justice devant être la regle des «
actions des Monarques, ils ne «
peuvent en quelque maniere «
punir des crimes, dont ils sont «
en partie la cause; je ne veux pas «
dire que le Prince blessé n'ait «
offensé Votre Majesté par un «
crime digne de mort: si son pere «
étoit entre vos mains, il meri- «
teroit plutôt d'être puni que «
lui; il me paroît que sa vie doit «

» être conservée, de peur que ce
» pere ne se porte à quelque ex-
» trémité contre le bien de l'Etat:
» Il gouverne un grand Roiaume
» dans l'Empire, & le grand Bon-
» ze qui se sent intrigué dans cette
» affaire est d'autant plus à crain-
» dre, qu'il réside aussi dans un
» lieu assez fort pour se défendre;
» ainsi, grand Empereur, je crois
» que la vie du Prince blessé doit
» être conservée avec soin, que
» tout Zedo sçache qu'il n'est pas
» mort, peutêtre le fait-on sça-
» voir trop tard; en attendant,
» Votre Majesté peut agir com-
» me à l'ordinaire, dans peu on
» sçaura le parti qu'aura pris son
» pere & Sondrom avec lui; s'ils
» n'ont aucune mauvaise inten-
» tion, ils paroîtront bientôt aux
» pieds du trône. » L'Empereur
content de moi, ordonna que le
Prince fût gardé sûrement & suivant sa qualité On mit la Princesse

cesse aînée dans un appartement séparé, où elle ne put demeurer longtems, étant persuadée qu'on ne l'avoit ôtée d'auprès de son amant, que pour le faire mourir: il étoit aussi de son côté au desespoir. Enfin l'Empereur fit séparer un appartement par un grillage, où les deux coupables se pouvoient voir, cela contribua au rétablissement de tous les deux autant que leur triste situation pouvoit le permettre. Il ne les vit plus de longtems. La nouvelle s'étoit répandue par tout que le Prince neveu étoit mort, le pere & Sondrom chacun de leur côté armérent puissamment; on ne parla plus de mariage, on ne pensa qu'à la guerre, tout l'Empire du Japon fut divisé: le Roi de Jazo se joignit au frere de l'Empereur. Le détail de cette guerre est trop long pour en faire le recit: il se passa de grandes actions entre les

Généraux des deux partis, celui de l'Empereur étoit très-expérimenté, une Province n'étoit pas plutôt soumise qu'une autre se soulevoit; comme le grand Bonze étoit interessé dans cette guerre, il avoit des partisans par tout, & l'Empereur ne pouvoit compter que sur ses troupes : mes conseils ne lui furent pas inutiles en differentes rencontres ; je lui donnai celui de faire assieger la Capitale du Roi de Jeso, malgré toutes les difficultez apparentes: c'étoit une Ville où il y avoit trente mille combattans, il faloit passer un grand fleuve ; comme les rebelles ne s'attendoient pas à un coup si hardi, ils ne purent arriver à tems pour s'opposer aux forces de l'Empereur : plusieurs Volontaires se jetterent dans son armée; la paix regnoit dans les Etats voisins ; des Princes étrangers vinrent dans le Japon ; un petit-fils de l'Empereur de la Chine y parut sous un nom supposé, avec un équipage des plus brillants, aiant pour compagnon un Officier de l'Empire fils d'un grand Général, qui avoit été élevé dans les armées dès sa plus tendre jeunesse. Cet Officier possedoit l'art de la guerre & les belles lettres des Chinois : le Général Japonois connut d'abord son merite, il s'entretenoit plus familierement avec lui qu'avec ses Généraux, le jeune Prince qui lui avoit été confié en profitoit. Ce Prince étoit bien fait, il avoit l'air martial, la voix forte, aimant les exercices les plus violens, doux, généreux & bienfaisant, ferme, intrepide au feu le plus vif de l'artillerie, d'un sang froid, admirable dans le combat : c'étoit un Prince de très grande espérance, il étoit fils d'un pere vertueux, juste & religieux, partageant son tems à servir Dieu & son Roi dans les dignitez dont il étoit revêtu. Je me plaisois infiniment dans la conversation de ces jeunes Seigneurs étrangers, tous fils ou parens de Rois, qui dénotoient d'où ils sortoient par les belles actions qu'ils faisoient. J'allois de tems à autre à l'armée pour rendre compte à l'Empereur de ce qui s'y passoit, le Prince Ambassadeur y venoit incognito avec moi, nous n'avions pas le consentement du Roi de Norreos pour y paroître publiquement ; mais comme le siege concerté devoit être une occasion fameuse pour instruire un jeune Prince, l'Ambassadeur y fut presque toujours sous un simple habit de volontaire, le Général seul en aiant, pour ainsi dire, connoissance, aussi-bien que le jeune Prince dont j'ai parlé ci-dessus, chez qui nous mangions la plupart du tems, parce qu'il tenoit une table magnifique. J'étois lié d'amitié avec ce digne Officier qui l'accompagnoit, de qui nous recevions toutes sortes de caresses ; il étoit d'une conversation charmante. Pendant que le Général étoit occupé du soin de son entreprise, nous passions le tems dans des entretiens qui instruisoient le jeune Prince Ambassadeur, & m'instruisois moi-même infiniment dans le commerce que j'avois avec cet Officier, qui recevoit souvent des lettres d'une sœur qui lui écrivoit tout ce qui se passoit à la Cour de la Chine, & à celle du pere du jeune Prince ; on ne peut s'exprimer avec plus de délicatesse & de netteté, que cette aimable sœur faisoit ; ses lettres étoient remplies de pensées & d'expériences nouvelles; l'Officier n'étoit pas de race Chinoise, il possedoit la plupart des langues usitées dans les Indes, qu'il avoit apprises même du vivant de son pere. Je regrette toujours cet aimable commerce, on me pardonnera cette disgression en faveur de l'amitié que je conserve pour cet excellent homme; il s'appelloit Kebrus, & son Prince Sebmond. On fit la revûe de l'armée Imperiale au défilé d'un pont sur un marais qu'il faloit traverser pour passer le fleuve Ebunad; un des Généraux Japonois nommé Yerem, découvrit un ancien canal, qui prenant au-dessus d'Edargleb, Ville Capitale de Jesso, qu'on vouloit assieger, se rendoit au dessous de la même Ville; le long tems qu'il n'avoit point servi sembloit l'avoir comblé de vase, mais il n'étoit que couvert de roseaux; & lorsqu'on le sonda, il se trouva capable de porter les plus grands bâteaux; ce fut par là que passerent ceux qui devoient servir à notre passage du fleuve Ebunad. On ne peut guére voir un plus beau spectacle que celui-là. L'armée passa sur des ponts dans une Isle où il ne restoit qu'à traverser le grand bras du fleuve ; quelques troupes de Jesso jointes à celles de l'Empereur, & de leurs alliez, que j'appellerai par la suite les rebelles, paroissoient de l'autre côté sur les hauteurs: ce grand fleuve se trouva couvert de bâteaux dans un petit espace de tems, tous pleins de troupes Impériales. On se rendit à l'autre bord, on ne trouva aucune résistance, l'endroit où l'on descendit étoit couvert sur notre gauche & sur le front par un vieux bras de l'Ebunad, qui étoit comblé & à sec. Aussitôt qu'il y eut assez de troupes pour défendre ce poste, on travailla à la construction du pont ; premierement en attachant les grands bâteaux deux à deux, ensuite en les avançant à mesure que le pont se formoit: il fut en état à la pointe du jour; la cavalerie passa la premiere, & le reste de l'armée suivit. On campa à deux lieues de là, & sur le lendemain après une très-petite marche, nous nous trouvames campez sous la fameuse ville d'Edargleb: en même-tems cinq vaisseaux plats, mais montez de canons, se trouverent sur l'Ebunad, deux audessus d'Edargleb, & deux audessous, qui avoient passé par le canal dont j'ai parlé ci-dessus, & le cinquiéme étoit pour garder ce canal. On traça les retranchemens de circonvallations & de contrevallations, & on commença à y travailler avec toute la diligence possible, sans que la garnison qui étoit de trente mille hommes, y fist aucune résistance, que quelques escarmouches

mouches peu confidérables. L'on apprit quinze jours après, que tous les rebelles s'étant réunis marchoient à grandes journées pour attaquer l'armée Imperiale : par cette politique l'Empereur vuida l'Empire de rebelles, & le siege de la guerre fut porté dans les Etats de Jesso ses tributaires. Le conseil que j'avois donné, étoit vif, l'Empire se trouvoit exposé; mais comme il étoit question de mettre fin à cette guerre, il convenoit de la transporter loin de la Capitale de l'Empire, afin d'empêcher l'augmentation des rebelles, & les menées des Bonzes. Toutes ces troupes innombrables comptoient si peu d'être vaincues, qu'elles espéroient d'enfermer l'armée Imperiale, comme dans une cage : mais l'événement fit voir la grande difference qu'il y a entre des troupes bien difciplinées, conduites par un grand & expérimenté General, à celles qui font ramaſſées de toutes parts. Nous vîmes paroître les rebelles ſur une hauteur hors de la portée de notre canon : ils paſſerent trois jours à reconnoître nos retranchemens; les aiant trouvez hors d'inſulte, ils ouvrirent la tranchée devant, comme peu de tems auparavant nous l'avions ouverte devant la Place, où nous avions deux attaques, l'une audelà de la riviere Evas, qui étoit celle qu'on avoit pouſſée plus vivement au point que nos batteries la battoient en brêche au pied de la même riviere; l'autre attaque ſe pouſſoit plus lentement, nos pots à feu incommodoient aſſez la Ville; enfin une bombe en fit ſauter le principal magaſin, dont la partie baſſe de la Ville fut entiérement renverſée, & plus de dix mille ames y périrent. Il sembloit que ce siege devoit être tout different de tous ceux qu'on avoit fait dans le monde. Plusieurs siecles ne produisent pas des événemens aussi considérables : nous assiégions une Ville très-forte, qui contenoit une armée, & nous étions assiégez par une autre trois fois plus nombreuse que la nôtre. Cependant l'armée Imperiale étoit ferme, agissoit sans crainte, se confiant entiérement à la prudence d'Enequedom son General, accoûtumé à vaincre. Les jeunes Princes Volontaires dans cette armée paroissoient autant de divinitez autour de lui, semblables à Jupiter tonnant dans l'Olimpe au milieu des Dieux, prêt à confondre les Tyrans. Il étoit aussi tranquile que ce Dieu monté sur son aigle, méprisant les efforts des humains. Une nuit que

tout étoit dans le silence, excepté les Gardes qui étoient en bon ordre, Enequedom s'entretenoit familiérement dans sa tente avec Kebrus, qui par l'amitié que lui portoit le General, trouvoit bon qu'il lui parlât à cœur ouvert. Kebrus lui dit : » Mon
» General, nous voici dans une
» situation étrange, que votre
» prudence seule peut rendre glo-
» rieuse. N'auroit-il pas mieux
» valu aller au devant de nos en-
» nemis, que de nous laisser assié-
» ger par une armée aussi puis-
» sante ? » Le grand Enequedom lui répondit : » J'ai fait toutes les
» reflexions que vous pouvez
» avoir faites avec les Generaux
» dans mon armée ; je connois
» à fond mes ennemis, c'est un
» tas de rebelles qui sont partis
» pour me combattre, ils n'ont
» que cela en tête ; nos retran-
» chemens ralentissent leur ar-

deur, ils sont à l'épreuve de leur «
valeur, ils se rebuteront. Je «
m'appercevrai de leur ralentis- «
sement aisément, je sortirai «
quand il sera tems, & je les bat- «
trai, comptez là-dessus, nous «
ne manquons de rien ; la Ville «
est étourdie de l'effet de notre «
feu, elle est à demi vaincue, «
tous nos pots à feu la font trem- «
bler, ils croient voir sauter le «
reste des maisons. Assurez-vous, «
cher Kebrus, que nous aurons «
bon marché de nos ennemis, «
malgré leurs troupes nombreu- «
ses, malgré leur grande artil- «
lerie ; la destinée du Japon est «
entre les mains du Ciel, il doit «
être permanent à jamais. Pour «
moi qui l'adore, je suis aussi «
tranquile, que si j'étois au mi- «
lieu de Zedo, & que l'Empire «
fût en pleine paix. » Ce General
joignant la piété à la prudence,
étoit audessus des foiblesses hu-

maines, tout plein d'honneur & de probité ; il comptoit sur celui qui connoît les cœurs & dispose des victoires. Malgré les efforts des rebelles, les retranchemens n'étoient entamez nulle part. Enequedom prit enfin la résolution d'attaquer l'ennemi ; lorsqu'il le crut bien tranquile, il fit sortir des retranchemens la Cavalerie & l'Infanterie qu'il avoit destinée pour l'attaque ; aiant laissé ce qu'il faloit pour la garde des tranchées contre la Ville & pour le Camp, un grand brouillard s'étant levé pendant la nuit, les troupes Imperiales de la droite tomberent sur les travaux des rebelles, plutôt qu'elles n'avoient cru, & attirerent de ce côté-là toutes leurs forces, qui les repousserent jusqu'à nos retranchemens ; mais celles de la gauche aiant peu après attaqué leurs autres travaux, la diversion fit qu'ils furent repoussez à leur tour ; le brouillard duroit toujours, ainsi leur artillerie leur fut inutile, on les chassa d'une batterie considérable qu'ils avoient à notre gauche ; & sur la droite les troupes marchoient à une hauteur qu'ils avoient retranchée, où étoit une autre batterie avec le magasin de leur artillerie pour leurs tranchées : le brouillard s'étant levé, ils firent un effort pour reprendre la batterie de la gauche ; ils y marchoient sur une colonne immense pesle-mesle ; mais leur canon que le grand Enequedom fit tourner contre eux à cartouches, fit tant d'effet sur cette troupe de rebelles, qu'elle tourna le dos, & rentra dans son Camp.

Après avoir laissé ce qu'il falloit pour garder ce poste, Enequedom marcha à la batterie de la droite, que celle de notre armée avoit déja attaquée, & qui se défendoit courageusement; mais ce secours détermina l'affaire, on s'en empara, les rebelles se retirerent de tous côtez dans leur Camp, & Enequedom s'arrêta pour remettre son armée en bataille : nous étions maîtres de tous leurs canons, on en tourna quelques pieces contre leur Camp : nous vimes peu de tems après, avant le milieu du jour, qu'ils l'abandonnerent, lorsque l'armée fut en bataille : on fit un détachement de tous les corps pour le reconnoître & le piller : nous rentrames dans le nôtre quelques heures après pour y dîner, & pour nous reposer. La garnison de la Ville pendant ce tems étoit sortie, à ce que l'on nous dit, mais le Gouverneur n'osa avancer ; comme le brouillard étoit fort épais du côté du fleuve Ebunad & de la riviere

Evas, on ne voioit pas devant soi; & lorsqu'il s'éleva de ce coté-là, ils s'apperçurent que les rebelles avoient abandonné leur Camp, ils rentrerent dans la Ville : ce qu'il y eut de singulier, c'est que ce jour-là il ne se tira de part ni d'autre aucun coup, comme si la paix eût été faite. Le lendemain le feu recommença, la Ville demanda à capituler le soir même, les ôtages furent livrez le lendemain : on laissa trois jours aux rebelles pour charger leurs effets ; le General Imperial voulut bien agir de la sorte, parcequ'il ne vouloit pas la destruction entiere des Sujets de l'Empire. On se rendit maître paisible de la puissante Ville d'Edargleb ; le frere de l'Empereur fut tué à la bataille, & Sendrom le grand Bonze aussi, qui y étoit *incognito*. Le Roi de Jesso demanda la paix, elle lui fut accordée, à condition qu'Edargleb sa Capitale recevroit garnison de l'Empereur, qu'il doubleroit son tribut, qu'il envoieroit ses enfans en ôtage à Zedo, & qu'il s'y rendroit lui-même avec une suite de cinquante hommes seulement. Enequedom aiant remercié tous les Princes Volontaires, & eux l'aiant embrassé, ils s'en allerent à la Cour de l'Empereur, qui les reçut avec de grandes marques de reconnoissance. Tout l'Empire fut calmé, & le Monarque accorda une amnistie générale avec le pardon au Prince son neveu, qui épousa la Princesse aînée, à condition qu'il partiroit de la Cour, & se retireroit dans les terres de son pere défunt, dont on lui laissa le gouvernement, après avoir prêté le serment en présence de tous les Princes Volontaires.

L'Empereur voulut alors signaler sa joie par le mariage du Prince de Nortbety Ambassadeur de Norreos. Les Princes Volontaires resterent pour embellir cette fête qui fut des plus magnifiques : le Prince Sebmond qui avoit marqué une valeur extrême le jour du combat, à côté du grand Enequedom, remporta tous les principaux prix ; & après tant de fêtes & tant de réjouissances, l'Empereur jura une alliance étroite avec le Roi de Norreos, son Ambassadeur présent. Le même jour, l'Empereur voulut déclarer Roi d'un des plus beaux Roiaumes le grand Enequedom, qui refusa cet honneur, aussi Philosophe que grand General. Il remercia l'Empereur, lui disant qu'il vouloit finir ses jours auprès de sa personne pour l'aider de ses conseils, & être mieux à portée de le maintenir paisible sur le Trône. Ce grand homme n'étoit point marié: il étoit généreux au possible, répandant à pleines mains les bienfaits qu'il recevoit de son Prince, à tous ceux qu'il sçavoit en avoir besoin, ne thesaurisant point. Il disoit qu'il ne vouloit pas se marier, de peur de laisser des enfans qui ne fussent pas vertueux. Il se reposoit sur ses lauriers sans inquiétude, ni souci, attendant qu'il plût au Ciel de terminer sa destinée. L'Ambassadeur de Norreos pria les Princes Volontaires de faire un voiage dans le Roiaume de son pere. Ils se rendirent à ses empressemens, & le départ de Zedo fut des plus magnifiques. L'Empereur combla sa fille & son gendre de richesses, & fournit abondamment tout ce qu'il falut pour le voiage jusques au port : il lui fit présent de trois beaux Vaisseaux, bien montez d'artillerie & de munitions : ils convinrent de s'en servir pour garder leurs Côtes communes. Nous nous embarquames, & arrivames heureusement au Port des Muets, où on nous attendoit : partie de la Cour de Norreos étoit venue audevant du Prince. Ce ne fut que plaisirs nouveaux tous les jours jusqu'à notre arrivée à la ville de Norreos, où le Roi & la Reine reçurent la Princesse du Japon entre leurs bras avec les plus grandes caresses. Osmundar Roi d'Arimond, qui avoit été faire un tour dans ses Etats, étoit revenu à la Cour. La satisfaction de ces deux Rois étoit commune. Je ne ferai point ici la description des fêtes qui se donnerent. Il arriva sur ces entrefaites un Ambassadeur de l'Empereur de la Chine, qui fut reçu avec toutes les formalitez convenables : c'étoit un Mandarin très-habile homme; il avoit de la répugnance à commercer avec l'Ambassadeur Japonois qui étoit resté à Norreos: cependant on vint à bout de les accorder. Cet Ambassadeur étoit chargé d'une commission particuliere pour Osmundar Roi d'Arimond. L'Empereur de la Chine étoit entré en jalousie de l'alliance du Roi Loriman avec le Japon; mais dans peu le Chinois connut que la liaison qu'il y avoit entre Osmundar & Loriman, étoit indissoluble: il en fit recit à sa Cour à son retour. Une nouvelle Ambassade de la Chine arriva, par laquelle on invitoit le Roi Osmundar d'aller à la Cour de la Chine où il seroit reçu en Roi, & l'Empereur lui offrit une de ses filles en mariage avec son amitié. La proposition fut pesée au Conseil des deux Rois assemblez, car ils avoient accoûtumé de ne rien faire que d'un commun accord.

Lorimand persuadé que cette alliance étoit convenable y consentit, bien certain qu'il étoit qu'il n'y auroit jamais de désunion entre eux. Il nomma un Ambassadeur pour remercier l'Empereur de la Chine, & pour accompagner Osmundar dans son voiage à Pekin ; mais ce qui causa une grande surprise, fut le discours que je tins au même Conseil, en ces termes :

« J'ai tâché de vous rendre, Prince, tous les services qui ont dépendu de moi : j'ai tout lieu de me louer des bontez dont vous m'honorez ; il me reste à faire quelque chose pour ma satisfaction, qui est de faire connoître votre mérite au Souverain dans les Etats où je suis né. Je vous demande la

» permission de profiter du voia-
» ge du Roi Osmundar à la Chi-
» ne, pour m'en aller dans mon
» Païs. Si Dieu me donne assez
» de vie, j'armerai un Vaisseau,
» & viendrai finir mes jours dans
» cet Empire. J'apporterai avec
» moi les choses que je croi-
» rai vous être les plus utiles.
» Si vous m'accordez la grace
» que je vous demande, je be-
» nirai à jamais le Ciel du mo-
» ment heureux qui m'a mis dans
» vos Etats ; & j'apprendrai à
» toutes les Nations, que vous
» êtes l'exemple des Princes ver-
» tueux & généreux.

Mon discours fut suivi d'un profond silence, où les larmes parlerent plus que la bouche. Le Roi Loriman prit la parole, & me dit : » J'ai toujours fait ce
» que tu as souhaité de moi dans
» mes propres affaires, je m'en
» suis bien trouvé. Je souhaite
que

« que ce que tu veux faire à présent, te réussisse, malgré la peine que j'ai de t'accorder ta demande. Si tu m'aimois autant que je t'aime, tu ne nous quitterois pas: mais je connois que Dieu seul est juste en toutes choses. Une idée aussi extraordinaire que celle que tu veux mettre en execution à l'âge où tu es, ne paroît pas trop sensée. Comme tu accompagnes Osmundar à la Chine, j'espere que l'amitié que tu lui portes te fera retourner avec lui dans nos Etats. Au surplus, prend dans mes tréfors tout ce que tu croiras avoir besoin pour finir tes jours sans peine, ni souci. »

Le Roi Osmundar fit un long discours pour m'engager à changer de dessein: comme je persistois à demander avec larmes ce que j'avois proposé, ma demande me fut accordée; il fut résolu qu'on tiendroit le cas secret, à cause de l'amitié que les peuples me portoient. On prépara toutes choses pour le voiage, on publia que j'accompagnois Osmundar. L'Ambassadeur du Japon avoit donné avis à la Cour de tout ce qui se passoit. L'Empereur lui ordonna de m'engager à vouloir prendre son Interprete avec moi, pour lui rendre compte de ce qui se passeroit à la Chine : j'y consentis d'autant plus volontiers, que nous avions déja résolu ensemble de ne nous pas quitter. Je l'avois instruit dans la Religion Chrétienne : il paroissoit fort zelé ; il se jetta à mes pieds avec deux Japonnois qui le servoient, qui avoient succé les mêmes principes : ce m'étoit une consolation, je pris un seul muet avec moi qui étoit à peu près de mon âge, me servant au surplus des domestiques d'Osmundar. Le récit des adieux que je fis dans la Cour de Norreos seroit trop long pour le mettre ici. Nous nous embarquames sur le Vaisseau qui avoit amené le nouvel Ambassadeur de la Chine, auquel on joignit les deux que l'Empereur du Japon avoit donnés à son gendre. Les Princes Volontaires furent de cette compagnie ; nous étions près de sept cens personnes. Dès que nous eumes pris terre, l'Ambassadeur de Norreos partit pour la Cour, & Osmundar resta en attendant qu'il y eût des ordres pour ce qui le regardoit : nous quittames aussi les Princes Volontaires, & les Vaisseaux furent renvoiez dans l'Empire de Norreos.

Osmundar aiant préféré la campagne à la Ville, il prit une maison très-jolie, où il se retira en attendant les ordres de la Cour. Je profitai de ce moment pour apprendre le reste de son histoire, que ce Prince acheva de me raconter dans les differentes promenades que nous faisions ensemble.

SUITE

DES AVANTURES

D'OSMUNDAR.

JE crois avoir fini mon discours, cher Glantzby, par le recit de la vie que menent ces pieux Solitaires sur la sainte Montagne qui domine la Ville des rebelles, lieux de ce grand Roiaume, qui étoit le siege d'une guerre civile. La justice du Créateur, me disoit mon Guide, est prête à se faire sentir sur cette Nation orgueilleuse; mais la piété de son Roi, sa résignation dans ses malheurs, appaisent la colere divine. La difference étoit grande entre la conduite de ceux qui vacquoient au Service divin dans les Villes, & celle des pieux Solitaires de la Montagne sainte. Famat me faisoit connoître jusqu'où alloit la misericorde du Maître de toutes choses envers les hommes, m'exhortant à profiter des tristes exemples que je voiois, afin de veiller à tenir un bon ordre dans les Etats qui me seroient soumis avec le tems. Il me faisoit aussi remarquer les vertus de plusieurs grands personnages de cet Empire, qui restoient fidélement attachez à leur Roi, malgré la perte de leurs biens, & les pressantes sollicitations de ses ennemis. Nous quittames les Etats de cette domination pour entrer dans d'autres, au bord de la mer, où regnoit un Prince que plusieurs Puissances forçoient d'être ennemi du Roi affligé : c'étoit une confusion que la Capitale de ce Roiaume, on ne sçavoit qui en étoit le maître ; les Etrangers y étant plus puissans que les naturels du Païs. Les Nations les plus éloignées d'interêts, de mœurs, de sentimens, de croiance, y étoient réunies ; c'étoit le magasin du monde en guerre. Famat me fit comprendre à quel dessein la Providence avoit permis des choses si extraordinaires, que toute sa puissance seule pouvoit mettre en œuvre. Le principal but du Créateur étoit d'éclairer l'heritier de ce Roiaume : Prince magnifique, qui devoit operer de grandes choses avec le tems dans ses Etats & dans d'autres, quoiqu'il parût alors devoir faciliter la ruine du Roi affligé, aimé de Dieu ; les decrets du maître du globe de feu, sont que de concert avec celui qui a fait sortir de ses Etats le Roi affligé, il le maintienne à l'avenir sur son Trône, & s'unissent par des liens indissolubles, en devenant peres communs de plusieurs grands Princes, desquels le souverain Etre se servira pour rétablir la justice & les bonnes mœurs dans le monde universel. Ces deux Monarques possedans des Roiaumes dans tous les Climats, doivent aussi répandre la véritable lumiere par des événemens particuliers, connus au seul Maître de toutes choses.

Je recevois toute sorte d'instructions de mon cher Conducteur, quoiqu'il ne m'en donnât point qui tendissent à m'apprendre la science de détruire le genre humain par la guerre. Il me faisoit remarquer les belles actions des Generaux, le bon sens qui dominoit chez les uns, & l'orgueil chez les autres. J'eus la satisfaction de voir une grande bataille qui rétablit un peu les affaires du Roi affligé, où trois Generaux commandoient ; celui qui étoit en chef ne manquoit ni de valeur, ni de prudence ; cependant il n'eut pas le bonheur de faire déterminer la victoire de son côté ; cet honneur fut dû à un des Generaux, qui étoit sous ses ordres, par le moien de qui la victoire fut remportée. Ce Général ne s'en orgueillit point, au lieu que l'autre subordonné au premier, aiant fait prisonniers les fuyards des ennemis, parut triomphant, comme s'il avoit contribué en quelque chose au gain de la bataille. Famat me dit de bien examiner le sang froid du Général qui avoit contribué à cette victoire, égal dans le péril & dans les plaisirs : il renfermoit en lui un rayon des qualitez du Très haut, que rien ne peut émouvoir, si ce n'est l'envie l'envie de faire du bien. Non seulement c'est capacité, force de génie, qualitez surnaturelles, qui produisent de pareils sentimens dans l'ame des hommes, mais c'est la solide vertu qui en est le principe. Les Héros dépouillez d'orgueil sont les plus vaillans des hommes : ceux qui sont soumis à de grandes passions, comme l'orgueil & l'avarice, ne sont pas capables du sang froid, dont sont douez les hommes véritablement vertueux. Les malheurs de la vie ne causent aucune émotion aux saints personnages, & les grands périls n'en produisent aucune dans les hommes, dont la pure vertu dirige les actions.

Il faut, me disoit Famat, que les hommes qui sont aimez du Très-haut, ressentent des afflictions pendant le cours de leur vie, afin qu'ils connoissent qu'elle est la source de tous les biens : ceux qui vivent absolument sans peine, ne sont pas les sujets que le souverain Maître choisit pour être éternellement heureux ; il aime à éprouver le cœur des humains, pour des raisons qui sont connues à lui seul, & qu'il dévelope lorsqu'il lui plaît. Je souhaiterois pouvoir vous rendre un compte juste de tout ce que j'ai vû, & de tout ce que mon bienheureux conducteur m'a dit en differentes occasions ; quoique ces grands préceptes ne soient pas échapez de ma mémoire, ils n'y sont pas toujours présens ; mais il m'en reste assez pour reprimer ce que je sens de mauvais en moi : si je m'abandonne quelquefois, Famat revient à mon secours, & me fait distinguer ce qui est de raisons, d'avec ce qui lui est contraire.

Nous quittames ces fertiles &

riches Contrées, pleines de confusion jusques dans l'intérieur des maisons ; & traversant les airs, nous descendimes dans un Temple magnifique, où le souverain Maître des hommes prend plaisir d'habiter d'une maniere toute particuliere. Ce Temple est dans une Ville immense, qui, au dire de Famat, a toujours été le trône des plus grandes vertus & des plus grands vices. Soumis à ses leçons, je profitois de ce qu'il daignoit m'apprendre : c'étoit un grand Pontife qui gouvernoit ce lieu ; je l'ai vû mourir ; j'ai vû l'élection de son successeur & son regne. L'Etre suprême préside partout & tempere la malice de l'homme. Ce qui me surprenoit le plus, c'étoit de voir dans ce grand temple l'homme parfaitement soumis à celui qu'il adoroit, & à quatre pas delà être comme s'il n'avoit jamais été dans un lieu si saint.

Partie des Nations y rendent tribut au souverain Pontife: comme j'étois dépouillé de tout ce qui étoit corporel, & que je ne pouvois pas sentir pourquoi les humains donnoient avec fureur dans une chose plutôt que dans une autre, je ne puis vous expliquer les raisons qui les faisoient agir d'une maniere qui me paroissoit ne devoir pas être. Je vous dirai seulement que Famat habitoit avec moi toutes les nuits dans le lieu le plus saint de ce Temple, & une bonne partie du jour aussi ; il me conduisoit quelquefois dans les lieux souterrains, audessous des bâtimens qui formoient cette grande Ville, où je voiois des édifices superbes par leur architecture, & très-riches par les trésors qu'ils contenoient. Plusieurs esprits les habitent, dont les uns portoient un grand respect à Famat, & d'autres fuioient sa présence; sortant de ces lieux, ils formoient des tempêtes en l'air audessus de la Ville, tout fléchissoit devant lui, & le masque ne servoit de rien, chacun paroissoit tel qu'il étoit, bon ou mauvais. J'ai toujours cru que mon Conducteur avoit été envoié dans ce lieu pour opérer de grandes choses, & pour donner la liberté à plusieurs esprits opprimez, dont un nombre infini ne nous quittoit point tant que nous étions dans ces bas lieux, admirant Famat. J'ai résolu d'élever un Temple pareil en grandeur à celui de cette Ville, dès que j'aurai mis ordre aux plus grands besoins de mon Etat: le souverain Maître y habitera seul, jusqu'à ce qu'il y pourvoie par lui même. Je me flatte que cela arrivera; car à quoi serviroient les bontez que j'ai reçues de lui? Je ne puis croire que ce soit pour moi seul qu'il m'ait distribué tant de lumieres. Les trésors de Loriman serviront à embélir le bâtiment, & j'espere d'emmener de la Chine avec moi grand nombre d'ouvriers capables d'aider mes Sujets pour l'accomplissement de mon dessein en tout ce qui pourra être possible dans mon païs. Famat, cet esprit bienheureux, toujours présent à mes yeux, ne m'abandonnera pas: il est venu à mon secours, lorsque je l'en ai requis, & je ne doute point qu'il ne soit près de nous actuellement; parceque je me sens à peu près la même tranquilité dont je jouissois, lorsque j'avois le bonheur d'en être accompagné. Le grand Pontife de cette Ville là a reçu des pouvoirs du Très haut, inséparables de sa dignité, qui le rendent respectable aux hommes vivans & aux morts: ses paroles sont de feu, parceque celui qui l'anime est le feu le plus pur ; il paroît tout rayonnant de gloire, lorsqu'il est dans les fonctions pontificales ; & malheur aux créatures qui n'obéissent pas à sa volonté, lorsqu'animé de l'esprit il annonce celle du Très-haut. Il y a deux jours dans chaque année où partie des esprits qui font leur séjour dans les lieux souterrains de cette Ville, en sortent pour assister dans le Temple à toutes les cérémonies qui se font à la louange du Maître du globe de feu.

Famat marcha cette fois à leur tête, ou, pour mieux dire, les alla chercher dans leurs tristes demeures : il ne les quitta point pendant deux jours & deux nuits : nous les laissames dans le Temple. Ensuite aiant fendu les airs, suivant les bords de la mer, nous descendimes dans plusieurs Temples, dans plusieurs Villes, dans plusieurs Palais, où nous ne vimes rien que ce que mon sage Conducteur m'avoit fait remarquer ailleurs ; sçavoir, peu de bien, beaucoup de malice parmi les hommes, & des effets continuels de la misericorde du Trèshaut qui se manifeste, malgré leur cœur endurci au mal. Mon bienheureux Conducteur descendit sur une tour au centre d'une belle Ville située au milieu des eaux. Il faisoit un tems serein, plus froid que chaud, un très-beau soleil éclairoit la terre, toutes les maisons de cette belle Ville brilloient comme des pierres précieuses ; la diversité des jardins, des Palais, des canaux, des Temples & des Vaisseaux, faisoit un effet des plus charmans : j'avoue que je n'ai rien vû de si remarquable, parceque cette Ville est unique dans ce genre. La mer & la terre sont réunies ensemble pour la commodité des humains qui l'habitent, dont moitié est sur la terre par les rues de cette Ville, & l'autre moitié sur les eaux : l'abondance y regne partout. Après avoir vû ce qu'il y avoit de plus beau dans l'intérieur de cette belle Ville, Famat descendit dans un ancien Temple, où on célébroit une grande fête avec les mêmes cérémonies que dans la grande Ville que nous venions de quitter. S'étant prosterné plusieurs fois devant le lieu le plus saint pour y adorer le grand Mobile de toute la nature, il me conduisit dans le Palais où s'exerce la souveraine Magistrature de cet Etat. L'aspect de ces hommes me frappa ; quoiqu'ils soient en grand nombre, il semble que ce n'est qu'un corps à plusieurs têtes, dont les unes parlent après les autres, sans que le reste s'émeuve. J'avois peine à comprendre que ce fussent des vivans, tant ils étoient composez dans leurs actions; s'il n'eût fait un beau soleil, j'aurois cru être encore dans les souterrains de la Ville, où j'avois habité plusieurs jours avec les esprits. Leurs physionomies aussi-bien que leurs habillemens sont les mêmes, hors le Chef de cette assemblée, qui est la principale tête de tout ce corps: sa parole n'est cependant pas plus efficace que celle des plus petits ; aucun de ces personnages n'a de pouvoir plus que l'autre ; leurs sentimens & leurs volontez se font connoître par des signes sans parler ; les mouches font plus de bruit que tous ces humains ramassez. Famat me dit que le secret étoit rarement revelé par aucuns d'eux, accoûtume au silence, ne fréquentant jamais personne qu'eux-mêmes, encore avec précaution, ils ne courent pas risque de manquer à leur devoir. Famat prit la figure d'un d'entre eux ; & par un signe qu'il fit à son tour, il empêcha ce grand nombre d'hommes de faire une injustice à l'un d'entre eux, qui étoit accusé faussement d'avoir commercé avec des Etrangers. Ils font consister leur plus grande politique d'être renfermez en eux-mêmes, croiant les autres hommes plus mauvais qu'eux, s'adonnant au reste chacun en particulier aux vices les plus grands, ainsi que le reste des humains, avec d'autant plus de facilité, qu'ils n'ont pas les occasions de pouvoir profiter des lumieres des autres peuples, dont ils auroient grand besoin. Les Anciens qui leur ont imposé ces loix, étoient des hommes presque parfaits dans leurs mœurs, & dans leur maniere de penser ; mais comme la nature va toujours en diminuant, les hommes ont besoin de se fortifier des lumieres d'un chacun pour conserver une certaine perfection, laquelle ne se trouve jamais en un seul païs, ni en un seul lieu ; la fréquentation des humains entre eux est nécessaire. C'est ainsi que me parloit mon Conducteur, que j'écoutois avec une entiere soumission : on croit dans cette Ville-là, qu'il est permis de se porter à toute sorte d'excès, dès qu'on le peut faire sans être connu des hommes, comme s'il suffisoit de les satisfaire, & qu'il n'y eût rien à craindre de la punition du Très-haut. On court les rues, les assemblées & toute la Ville de nuit & de jour dans un déguisement particulier à cette Nation : le pere se trouve quelquefois dans les mêmes débauches que son fils sans le connoître, le mari avec sa femme : leurs divertissemens ne sont pas tous criminels ; les assemblées où le bon sens regne, sont celles où l'on entend une musique des plus harmonieuses & réjouissantes, differente en quelque sorte des sons que j'ai oui dans les Temples, qui me touchoient cependant davantage, parce que cette musique est dirigée uniquement pour animer l'esprit, le séparer du corps, & l'élever vers le Ciel : je ne doute point que l'autre ne soit très sensible aux hommes par les figures & les soupirs que je leur voiois & entendois faire, j'ai cru de là qu'elle frappoit plus les sens que l'esprit, ce que je n'étois pas à portée de sentir.

La plus nombreuse assemblée

qui se fasse dans cette Ville, est dans un lieu où tout ce qui y arrive est d'une contenance fort gaye, & d'où la plûpart sortent comme des furieux ; j'en ai vû mordre leurs habits, & les déchirer de rage ; on est quelquefois obligé de lever leurs masques pour les essuier, leur donner quelques liqueurs fortes, sans quoi ils mourroient: les uns levent les yeux vers le Ciel, les autres portent les deux mains à leur tête, & frappent des pieds contre terre : j'ai bien compris que c'étoit un autel où ces peuples viennent offrir leurs biens dans le dessein d'en obtenir davantage de celui qui peut dispenser les richesses : ils sont plusieurs qui ont ce droit, & font connoître leurs volontez aux humains sans parler, par des feuilles carrées & legeres qu'ils jettent en l'air : elles ont la force de les obliger à verser leurs richesses sur l'autel pour les laisser parvenir à d'autres qui les ramassent avec avidité ; le dispensateur des trésors les donne & les reprend à diverses fois aux mêmes personnes, les rendant très-pauvres, d'autres riches, après s'être longtems mocqué de leur foiblesse & de leur cupidité : c'est une des occasions où mon bienheureux Conducteur m'a repris de ma trop grande curiosité, me disant que ce que je voiois étant la source des plus grands maux parmi les hommes, il n'étoit pas nécessaire que j'en connusse la science, puisqu'elle ne tendoit jamais au bien : quoique je ne sentisse aucune passion pour les richesses, j'aurois été bien aise d'être instruit des motifs qui faisoient agir les hommes extraordinairement, & les rendoient si differens de ce qu'ils étoient peu auparavant : il faut bien que cette occupation vienne d'une passion qui flatte, contraire à son bien & à son repos, puisqu'elle agissoit même en quelque maniere en moi, quoique dépouillé de mon corps. Nous sortimes de ce lieu pour voir ce qui se passoit dans le particulier des maisons, je reconnus plusieurs de ceux qui avoient offert leurs biens sans profit ; au lieu de reposer ils parcouroient leurs chambres en long & en large, leur propre figure leur étoit odieuse, quelques-uns d'entre eux se privoient même de la vie. Famat d'ordinaire compatissant aux maux des hommes, ne l'étoit point du tout envers ces malheureux, ce qui me fit croire que chacun d'eux avoit été le maître de ne se pas réduire dans une situation si facheuse, les plus raisonnables passoient la nuit sur des chaises à soupirer & à se lamenter à haute voix. Puisque

Puisque je vous fais le recit au juste, mon cher Glantzby, de ce que j'ai vû faire à cette espece d'hommes qui étoient privez de leurs richesses, il faut aussi que je vous fasse voir quelle étoit l'occupation de ceux qui en avoient été comblez aux dépens des autres, ils dormoient d'un sommeil profond; ensuite se réveillant en sursaut, ils couroient visiter les faveurs qu'ils avoient reçûes de la fortune: leurs maisons étoient pleines de monde & d'amis dès le grand matin, ce n'étoit que fêtes, on dissipoit en un jour ce qui auroit suffi pour se nourrir pendant plusieurs lunes; au sortir de ces festins, ces hommes alloient à la musique, de là s'adonnoient à toutes sortes de voluptez: Famat ne me permettoit de voir leurs excès, que pour m'en donner de l'horreur. Après avoir vû toutes ces choses, je le remerciai de m'avoir caché la science d'un mal qui rendoit l'homme plus miserable que des bêtes. Nous quittames cette contrée, & parcourumes plusieurs Isles habitées par des Nations toutes soumises à une seule qui les dominoit avec rigueur : les autres étant esclaves de celle-là qui est d'une taille & figure avantageuse, tant par les dons de la nature que par les habillemens qui parent plus l'homme que tous ceux que j'ai vûs ailleurs. Nous parcourumes toutes ces Isles, où Famat me fit remarquer plusieurs monumens d'antiquité qui dénotent la vanité des humains, lorsque ces grands édifices ont servi à d'autres usages qu'à témoigner le respect qu'on doit avoir pour le souverain Arbitre de toute la nature. Il s'arrêta particulierement dans une de ces Isles, où il y avoit une grotte dans laquelle nous entrames; elle étoit remplie de differentes petites flâmes de couleurs très legeres, c'étoit autant de vers qui brûloient continuellement les cœurs d'un nombre infini de spectres affreux, qui, au dire du Sage qui m'accompagnoit, étoient autant de Sacrificateurs qui avoient abusé de la crédulité des hommes, dont ils avoient reçû les richesses pour les faire servir à leurs plaisirs, & les offrir en victimes aux rebelles du Très-haut, qui y étoient adorez sous differentes figures corporelles, & d'animaux venimeux : leurs souffrances devoient être sans fin, des richesses immenses de toutes sortes étoient entassées dans cette grotte horrible & d'une très grande étendüe. Comme j'étois sujet ainsi que Loriman à differentes infirmitez, Famat me tira de ce lieu épouvantable, où je souffrois; il m'apprit qu'il y avoit encore d'autres Sacrificateurs, qui sans avoir induit les peuples à sacrifier au mensonge, subissoient des châtimens bien plus grands, pour avoir abusé les hommes en retenant les offrandes qu'ils faisoient au Créateur de toutes choses, les emploiant à d'autres usages que ceux ausquels elles avoient été destinées par la piété des humains en reconnoissance des faveurs qu'ils avoient reçû du maître du monde, m'apprenant qu'il y avoit de ces lieux de douleur par tout où les grands crimes avoient été commis, qui devoient durer autant & plus que le monde terrestre, séjour ordinaire des hommes.

Au sortir d'un lieu si affreux, nous parcourumes les Mers, & arrivames dans des Jardins délicieux renfermez dans un Palais d'une grandeur étonnante, où un homme respectable par la marque de Souverain qu'il portoit sur son front, se divertissoit seul au milieu de plus de deux cens femmes d'une excellente beauté, qui toutes cherchoient à lui plaire, excepté une seule qui ne le cedoit point à toutes les autres en perfections corporelles, mais qui paroissoit très-affligée malgré tout ce que ce Monarque faisoit pour l'égayer, ce qui causoit une jalousie extrême aux autres. Famat me montra la disposition de ce Palais, où plus de douze mille hommes habitoient, dont partie défigurez étoient destinez à garder le quartier des femmes, qui malgré cela trouvoient encore le moien de tromper la vigilance de ces hommes défectueux, jaloux des plaisirs permis à toute la nature. Famat toujours porté de bonne volonté à m'instruire, me disoit que plus l'homme est défectueux, plus il est rempli de passions dominantes, souhaitant & faisant consister son bonheur en quelque chose de terrestre, la possession des richesses étant pour l'ordinaire l'objet de ses desirs, incapables de sentimens d'amitié pour personne, à cause de la jalousie qui déchire leurs cœurs ; ils ne cherchent qu'à tromper sûrement ceux qui se confient en eux. Un de ces personnages avoit lui-même mis le feu à un quartier de l'appartement de ces prisonnieres, pour faciliter dans le tumulte qui fut fort grand dans ce Palais, l'entrée à un homme de vilaine figure, des plus brutes, qui étoit d'intelligence avec une des femmes des plus cheries du Monarque; elle avoit été changée de son appartement pour y placer la belle personne qui résistoit aux empressemens du maître de ce lieu.

Ce brutal s'y étant introduit, voulut abuser de cette vertueuse femme, il se porta à toutes sortes de fureurs, & voiant qu'il n'en pouvoit venir à bout, il l'auroit privée de la vie, si Famat ne lui avoit retenu le bras, aussi bien qu'à celle qu'il cherchoit, laquelle profitant de son côté du tumulte, étoit venue le poignard à la main pour égorger l'innocente; mais surprise au dernier point de trouver celui qui soupiroit pour elle dans une situation furieuse, ils s'attacherent à se tromper reciproquement, expliquant le motif de leurs actions differemment de ce qui en étoit au vrai : cependant Famat aiant pris la figure d'un homme de la connoissance de la femme affligée, la fit sortir de ce lieu, charmant pour d'autres, mais pour elle une prison très-affreuse; il la remit entre les bras d'un de

ſes freres qui étoit caché dans la Ville, cherchant les moiens de délivrer ſa ſœur de l'eſclavage : elle étoit ornée de bijoux précieux qui purent lui ſervir au beſoin. Mon cher Conducteur changeant encore de figure, conduiſit le Monarque au lieu où ſon infidelle étoit endormie, laſſée de plaiſirs, entre les bras de ſon rival ; ce Prince tranſporté de fureur les tua tous deux, & fit jetter leurs corps à la mer qui lavoit les fondemens de ce ſuperbe Palais: ſa fureur ne s'en tint pas là, il fit mourir partie des infames Gardes de cette maiſon, comme aiant conſenti à la perte de la belle affligée: j'étois ſurpris que Famat eût donné lieu à des actions qui me paroiſſoient injuſtes, puiſque ces malheureux étoient innocens de cette fuite : pénétrant juſqu'à mes ſecrettes penſées, il m'apprit que ceux qui
avoient

avoient péri étoient punis pour d'autres crimes de même nature, qu'ils avoient commis.

Encore que le Monarque fût injuste dans la détention qu'il faisoit de ces beautez, ceux qui le trahissoient l'étoient plus que lui : il ignoroit qu'il fit mal, mais ses serviteurs qui le trompoient sçavoient fort bien qu'ils agissoient contre leur devoir.

Un tems viendra que dans le même Palais, les Monarques connoîtront que la meilleure & la plus sûre garde d'une femme, est la vertu dont ce sexe est très-capable, pourvû qu'il ne voie que de bons exemples devant lui; il résiste mieux au mal, que les hommes les plus fermes.

On vous a, cher Glantzby, beaucoup d'obligation dans l'Empire de Norreos d'avoir donné l'exemple de donner la liberté au sexe, à quoi le Roi & tout ce qu'il y a de gens raisonnables se sont conformez, sans donner dans le travers des nations que j'ai vûes, où l'on se fait presque gloire des fautes qu'on leur fait faire : ce qui devroit couvrir les hommes de honte, comme la plus mauvaise action qu'ils puissent commettre contre leur souverain Maître, & les uns contre les autres.

Le Prince ni les peuples dont j'ai parlé ne peuvent sans crime boire aucune liqueur qui trouble l'esprit. Famat me dit que des Prédecesseurs de ce Monarque avoient été détrônez pour en avoir fait un usage trop frequent. Que de maux j'ai vû sur la terre causez par l'excès des boissons fortes! Comme vous m'avez dit vous-même qu'elles n'étoient que trop en usage dans votre païs natal, je ne vous ennuierai pas par des recits qui vous font inutiles : si j'avois été capable de me divertir des folies des hommes, j'aurois eu occasion de jouir de ce plaisir dans un Palais où résidoit un grand Prince parent de l'Empereur d'un grand Continent : il gouvernoit en son nom une de ses plus grandes Provinces, où il y avoit des Tribunaux de Justice aussi considérables que dans sa Capitale. Ce Prince n'étant pas content de ces Tribunaux qui ne lui avoient pas rendu les devoirs qu'il prétendoit lui estre dûs, ne pouvant se venger ouvertement, résolut de les tourner en ridicule. Un jour que les Membres qui le composoient étoient obligez de recevoir un regal de lui, il donna commission à un homme de marque qui paroissoit être un Général d'armée, d'enyvrer le Chef de toute cette assemblée : personnage respectable par le rang qu'il tenoit à la tête de tous ces Juges. Ce Général se faisoit servir de l'eau claire pendant qu'il faisoit boire au Magistrat d'une liqueur très-forte, aussi claire que l'autre, d'un aromat exquis ; il en prit tant qu'il oublia la Magistrature dont il étoit revêtu : il avoit fait une harangue au Prince en arrivant dans son Palais, debout & convenablement à sa dignité ; mais troublé des fumées de la liqueur forte, au sortir de table il se jetta à genoux devant le même Prince, repeta le même discours qu'il avoit débité auparavant ; mais délivré des fumées qui lui offusquoient le cerveau, il résolut de se venger du Général d'armée, il lui fit perdre partie de ses biens par des jugemens qu'il donna contre lui dans les differends qui furent soumis à sa Jurisdiction. Famat me fit connoître qu'un des grands crimes que l'homme puisse commettre, est de travailler à troubler la raison des humains, vû que le Créateur de toutes choses en est offensé en plusieurs manieres; & la punition qu'a reçû le Courtisan pour s'être prêté à commettre cette mauvaise action, fut un Acte de Justice du Très haut, qui rendoit cependant le Magistrat coupable: le Prince même n'en fut pas exempt en la personne des siens par les mêmes maux qu'il avoit cherché de procurer à d'autres: le souverain Maître du monde ne souffre pas impunement qu'on rende sa créature défectueuse, il l'aime, c'est son ouvrage, il se plaît à la voir tourner au bien.

J'ai vû dans cet Empire un Magistrat qui renfermoit en lui toutes les perfections qui peuvent orner l'homme: il avoit la phisionomie douce, l'ame noble, observateur des Loix & des ordres de son Maître, il les faisoit executer avec douceur, procurant le soulagement des peuples, représentant à son Souverain ce qui tendoit au bien de ses sujets, sans rien diminuer de l'autorité Roiale; il étoit liberal, génereux & charitable, le meilleur ami qui fût jamais, pardonnoit par grandeur d'ame à ceux qui avoient quelquefois la témerité de l'offenser, toujours net, clair dans ses jugemens & dans ses décisions, l'abondance & les plaisirs le suivoient par tout où il alloit; aussi grand justicier envers ses amis, qu'envers les personnes les plus indifferentes; en garde contre les surprises, suivant les mouvemens des compassions en faveur de ceux contre qui on avoit obtenu de lui des décisions par adresse; bon serviteur du Très-haut, & de son Roi; il étoit aussi doux qu'un enfant dans sa conversation ; dès qu'il n'étoit pas dans les fonctions de sa Charge, content de faire son devoir, il ne fléchissoit point le genoux devant les Favoris ou Favorites de son Maître ; jamais il ne s'abaissoit pour meriter leurs bonnes graces. Enfin il avoit tant de belles qualitez, qu'on auroit peine à croire qu'il y eût un homme aussi parfait. En même-tems que Famat me faisoit remarquer les actions de ce digne serviteur, il me faisoit entrevoir jusqu'où pouvoit aller l'impiété & l'infidelité des mauvais Magistrats, & des mauvais Ministres.

Il y en avoit qui sans être méchans étoient durs au peuple par temperament. Nous traversames une Province entiere où les bêtes de sommes & de traits étoient nommées du nom du premier Magistrat par haine que le peuple lui portoit; ils ne lâchoient jamais un coup de fouet sur leurs bêtes, qu'ils ne les qualifiassent de son nom: personne n'alloit à sa rencontre lorsqu'il marchoit; au lieu que dans les Provinces gouvernées par le premier Magistrat, riches & pauvres, tous venoient à sa rencontre, les uns pour l'admirer, les autres pour en recevoir quelque soulagement: ceux à qui il refusoit leurs demandes ne lui en vouloient point de mal, persuadez qu'elles n'étoient pas justes; jamais son Souverain ne cassoit ses Sentences ni ses Arrêts, ni ne faisoit rien sans son avis concernant la Province qu'il dirigeoit, à moins que ce ne fussent des affaires générales pour tout l'Empire, où il n'y pouvoit avoir d'exception.

C'est dans ces Païs que croissent les fruits délicieux, dont on fait les liqueurs fortes, l'usage en est raisonnable & permis à l'homme pour se réjouir, pourvû qu'il n'en fasse pas d'excès.

Le souverain Maître du monde a permis, me dit Famat, que parmi les Loix du peuple cruel dont je vous ai parlé ci-devant, celle-ci qui porte à la temperance fut observée jusqu'à ce jour, sans quoi aucun homme vivant ne pouroit commercer avec eux.

Le Créateur a soumis plusieurs Nations au Monarque que nous avons vû être trahi dans le centre de son Palais, en appésantissant son bras sur un nombre infini de peuples qui n'ont pas profité de la lumiere, dont à peine le dur esclavage où ils sont réduits leur permet d'entrevoir aujourd'hui les rayons.

L'amour que portoit ce Souverain à l'infidelle dont je vous ai parlé, étoit si violent qu'il en perdit la raison; ce Prince ne se souvenant plus de lui avoir ôté la vie, croioit la trouver dans son appartement, où il alloit plusieurs fois dans le jour; se trouvant abusé, il se portoit à des fureurs contre lui-même, qui auroient tranché le cours de sa vie, s'il n'avoit pas été secouru par ses plus fideles domestiques. Les choses furent portées au point qu'il courut risque d'être détrôné & renfermé, mais son premier Ministre qui avoit gouverné avec fermeté, craignant pour sa tête s'il arrivoit un changement, tint le cas très-secret, & fit saigner son Maître très copieusement; la raison lui revint, & toutes idées de la défunte disparurent.

La passion de l'amour immoderé reside dans le sang, il diminue à mesure qu'on en ôte.

Le Prince convalescent fut très-longtems sans rentrer dans l'appartement de ses femmes, &

n'y seroit peutêtre point retourné, si son Ministre ne lui avoit fait connoître qu'un de ses premiers devoirs étoit de se procurer des successeurs pour remplir le Trône qu'il occupoit; il avoit cependant fait venir de tous les Roiaumes qu'il dirigeoit, un nombre considérable de Vierges pour les presenter à son Maître, afin que celle qui auroit ses bonnes graces, reconnoissant qu'elle tenoit sa fortune de lui, fût favorable au dessein qu'il avoit formé de gouverner seul; il inspira à son Seigneur d'éloigner toutes les autres femmes qu'il tenoit auparavant renfermées, de peur qu'elles ne donnassent des instructions aux nouvelles venues, capables de pervertir leurs bonnes mœurs; le Souverain se trouva bien de cette précaution, & recouvra dans peu la santé.

Comme c'étoit de ce Palais

que se gouvernoient des Etats immenses, je reçûs de bonnes instructions de mon bienheureux Conducteur sur la maniere de gouverner avec prudence, il m'apprit que la plus simple est la meilleure, que les mouvemens de la nature doivent être la regle d'un Souverain, & de ses Ministres : la justice, la clemence, la douceur sont naturelles à l'homme, qui a tout ce qu'il lui faut pour ses besoins ; il ne peut avoir d'autres sentimens, qu'ils ne lui soient inspirez par ceux qui n'aiant pas reçû du Très-haut autant de biens dans cette vie, cherchent à en dépouiller ceux qui en sont pourvûs, d'où naissent les mauvais Ministres, les malheurs des peuples, & souvent la corruption des Souverains, qui sans avoir besoin de rien se plaisent à ramasser des richesses qui ne sont jamais utiles à l'Etat lorsqu'elles appauvrissent les sujets.

Si le Ministre eut le bonheur de guérir son Maître d'une folle passion qui le dominoit, il lui inspira les sentimens d'avarice, qui le rendirent un Prince méprisable aux autres Souverains: il vécut sans ambition. Famat me conduisit à l'armée où je vis des usages de guerre differens de ceux que j'avois vûs chez d'autres Nations. Les armées de deux grands Empires s'étant approchées l'une de l'autre dans des lieux presque déserts, l'une fut enfermée dans des marais entre des rivieres, d'où elle ne pouvoit sortir, & couroit risque de périr de misere, ou de se soumettre à son ennemi. Elle étoit commandée par un grand Monarque qui fut réduit dans une très-facheuse situation, par la volonté expresse du Très-haut. Il avoit eu le bonheur de vaincre peu de tems auparavant un ennemi puissant, l'aiant réduit à s'enfuir presque seul après sa défaite dans les Etats du Prince, de qui étoit l'armée qui le tenoit enfermé. Ce Monarque étoit prêt à s'en orgueillir, & à méconnoître la main puissante qui l'avoit favorisé, lorsque pour le faire rentrer en lui même, le Maître du globe de feu le soumit à la merci d'un ennemi qui l'auroit exterminé lui & toute son armée, s'il n'avoit été prédestiné du Très-haut, pour montrer que le pouvoir & la science des hommes n'est rien, & que tout vient de lui. Il avoit pour femme une personne en qui le souverain Maître de toutes choses avoit pris plaisir de faire voir sa toutepuissance par les grandes qualitez dont il l'avoit ornée. Elle étoit ordinairement accompagnée d'un esprit qui dirigeoit ses actions, & qui lui inspiroit des sentimens audessus de la portée des femmes ordinaires. Elle eut une inspiration de faire offrir à son ennemi une somme si considérable, qu'il en fut ébloui. Comme toute l'armée étoit dans la derniere extrémité, & réduite à subir un esclavage honteux, chacun de ceux qui la composoient, se priva de ce qu'il portoit de précieux. On fit la somme promise, qui fut délivrée au sordide General ennemi, qui manqua par là l'occasion de soumettre à son Maître un Empire aussi grand que le sien propre. Tout avare qu'étoit le Souverain de l'armée victorieuse, il ne laissa pas de reconnoître la trahison de son Serviteur, il l'en punit. Famat me répéta ce qu'il m'avoit dit plusieurs fois, que l'avarice étoit le plus grand de tous les vices qui pouvoient dominer le cœur de de l'homme, parcequ'il l'atachoit à la terre, & l'éloignoit de la perfection pour laquelle il avoit été créé. Il me difoit qu'il étoit comme impoffible qu'un Prince avare pût plaire au Créateur de toutes chofes, & parvenir après fa mort au fejour du bienheureux Vieillard de la Montagne.

Mon cher Conducteur parcourant ce grand Empire, me mena dans une Ville où notre demeure fut dans un Temple où l'Etre fuprême fe plaifoit d'être adoré d'une maniere fimple, mais pure ; les Pélerins de plufieurs Nations y apportoient pour toute offrande un cœur foumis au Maître de toutes chofes, feul facrifice qui lui eft agréable. Ceux qui deffervoient ce Temple étoient remplis de douceur, de cordialité envers les Pélerins qui arrivoient, ils les auroient volontiers renfermez dans leurs feins seins pour les mettre à couvert des persecutions des ennemis de la vérité, qui n'aiant pour but que les richesses terrestres, leur laissoient à peine de quoi subsister. Pendant que ces Pélerins étoient en prieres durant le Service divin, un nombre infini d'esprits bienheureux portoient leurs offrandes pures au Trône du Trèshaut : le nombre en étoit si grand, qu'il formoit une colomne depuis l'autel jusques pardessus les nuées audelà de ce que ni Famat ni moi pouvions pénétrer. Cette colomne d'esprits bienheureux subsiste continuellement depuis l'autel le plus profond de ce Temple, jusques dans les lieux les plus élevez. Famat m'apprit que c'étoit en cet endroit que le Créateur de l'Univers s'étoit manifesté aux hommes, en se communiquant à eux d'une maniere toute particuliere, & que du haut de cette colomne il annonceroit le fort à toute la nature. Nous fortimes d'un lieu fi respectable avec la foumiffion qu'on doit avoir au Maître du globe, & fendimes les airs pour arriver audeffus d'un autre Temple qui renfermoit la meilleure partie des richeffes de la terre. Un nombre infini de Pélerins y arrivoient de toutes parts, formant enfemble une grande armée. Il fe paffoit bien du tems avant qu'un chacun pût parvenir au lieu où fe faifoit la priere. Le Très-haut y étoit adoré, mais ce n'étoit point avec des fentimens dépouillez des matieres terreftres. Les vœux des humains en ce lieu tendent à obtenir du Créateur des chofes contraires à la pureté de fon effence. Le tems viendra, m'affura Famat, que le grand Maître du globe touché de la mifere de l'homme, leur fera connoître à tous, quels doivent être leurs desirs & leurs souhaits. Ces humains faisoient consister le service qu'ils rendoient au Maître de toutes choses dans des actions mêmes contraires au bons sens, ils formoient un cercle aussi grand que le Temple pouvoit contenir, ensuite tournoient de concert assez longtems pour se troubler le cerveau, & restoient endormis ; au sortir du Temple, ils se lavoient, & croioient avoir mérité tout ce qu'ils avoient demandé à leur Créateur. Famat partit de ce lieu, & traversant plusieurs déserts, où il me fit remarquer des endroits en très-grand nombre, où l'Etre suprême avoit donné des marques de sa présence & de sa misericorde continuelle en faveur du genre humain. Nous entrames dans plusieurs grottes toutes lumineuses de petites flâmes qui étoient tout autant d'esprits separez de leurs corps, qui attendoient l'accomplissement des tems. Ces grottes étoient dans une montagne inaccessible aux hommes, d'une hauteur prodigieuse. Famat s'étant transporté sur son sommet, nous y trouvames trois hommes vénérables qui étoient en continuelles prieres pour le salut des esprits renfermez dans les grottes de cette montagne. Ces trois hommes avoient été enlevez du milieu des peuples dans les premiers âges. Ils voioient le Trône suprême face à face, & jouissoient continuellement de la présence du Tres-haut: ils étoient plus parfaits que le Veillard de la Montagne en ce qu'ils ne prenoient aucune nourriture. L'Etre misericordieux se retenoit dans sa justice & dans ses châtimens contre les hommes, à cause des ferventes prieres de ces trois respectables humains. Ils marcherent à la tête des Nations, purifiées par l'accomplissement des tems. La lumiere étoit differente sur la montagne, de ce qu'elle paroissoit sur le reste de l'Univers. Elle y étoit toujours égale, l'obscurité ne s'y rencontroit jamais. Ces trois dévots personnages disposez en triangle à genoux, les mains élevées vers le ciel, éloignez de trente coudées, les uns des autres, ne s'approchoient jamais. Au milieu d'eux étoit une ouverture triangulaire, qui traversoit le centre de la terre, d'où partoit une lumiere qui correspondoit au plus haut des cieux. C'étoit le passage par où tous les esprits purifiez devoient être élevez au pied du Trône suprême. La vûe de Famat ne pouvoit pénétrer jusques-là : il eut cependant le pouvoir de me soûtenir audessus de cette ouverture, afin de m'en donner une idée aussi étendue qu'il le pouvoit. Notre présence ne fit point changer de situation aux trois Vieillards, & je ne sçai s'ils nous apperçurent; je n'osai le demander à Famat, qui au sortir de ce lieu me parut moins familier avec moi, qu'il n'avoit été auparavant.

Nous traversames les airs jusques dans un superbe Palais, où étoit renfermé un grand Monarque détrôné. Nous vimes l'usurpateur siégeant sur un Trône entouré de mauvais esprits qui le tourmentoient continuellement; ne pouvant résister à tant de maux, il mourut; les mauvais esprits joignirent le sien aux leurs & disparurent.

Un autre usurpateur prit sa place; & le Monarque détrôné

finit ses jours, laissant un corps presque aussi leger que ce qui l'animoit. Famat reçut son principe de vie. Nous quittames ces lieux pour joindre la demeure du sage Vieillard de la Montagne, où toutes choses se passerent à mon égard comme à celui du Roi Loriman. Le principe de vie du Roi détrôné fut reçu avec les mêmes cérémonies au nombre des esprits bienheureux.

Après avoir été réuni à mon corps, je partis, ainsi qu'avoit fait Loriman, & je joignis les Etats de mon frere, où j'appris le mariage de la Princesse de Norreos, qui m'avoit été destinée dès le berceau. Vous avez sçu le reste.

Le Prince aiant fini son histoire, nous fumes visiter le principal Bonze du lieu où nous étions, nous le trouvames assis par terre: c'étoit un Vieillard qui à peine pouvoit se remuer, & qui n'avoit pas grande raison, puisque sa conversation ne roula que sur des fadaises. Le Roi Osmundar visita les principaux endroits de ce Couvent. Je vis avec bien du plaisir le mépris qu'il faisoit des cérémonies Chinoises, après avoir été ennuié par les contes des Bonzes : nous croiïons en être quittes, lorsqu'il falut recevoir une collation de leur façon, qui ne valoit pas mieux que leurs discours. Nous fumes enfin délivrez de ces gens-là par l'arrivée d'un courier de la Cour de Pékin, qui donnoit avis au Roi Osmundar, que l'Empereur envoioit un gros détachement de Cavalerie audevant de lui, lequel devoit arriver dans trois jours. On prépara toutes choses pour le voiage.

Outre le Mandarin du premier ordre, qui commandoit ce détachement, l'Empereur y joignit

gnit un Pere Jesuite Italien de Nation, lequel avoit ordre de lier conversation avec moi, & de rendre compte tous les jours de ce qu'il auroit appris, tant du naturel & des mœurs du Roi Osmundar, que des païs d'où nous venions.

Comme je connoissois l'influence que ces Peres ont à la Cour, j'engageai le Roi d'avoir beaucoup de déference pour lui, il se servit utilement de mes instructions, répondant aux empressemens que je souhaitois qu'il eût pour le Mandarin & pour le Pere: nous connûmes que la langue naturelle des Roiaumes d'où nous venions, avoit beaucoup de rapport avec celle des Tartares voisins de la Chine; le Pere Jesuite la possedoit à fond, & en très-peu de jours il fut en état de lier conversation avec le Roi Osmundar: rien ne surprenoit ce Prince dans cet Empire : quoique j'eusse été à la Chine, j'étois quelquefois frappé des nouveautez que je voiois.

Nous arrivames à Pekin après un voiage de soixante jours, que nous aurions pû faire en beaucoup moins de tems ; mais le Roi ne témoigna aucun empressement d'avancer sa marche.

Ce Prince fut reçu à la Cour avec toute la magnificence dont on use en ce Païs-là dans les plus grandes occasions : le cérémonial fut bientôt reglé par la réponse qu'Osmundar fit aux Mandarins qui voulurent lui en parler ; il les pria de dire à leur Maître que ne doutant point de la parole que Sa Majesté lui avoit fait donner par son Ambassadeur, de le recevoir comme son gendre, il espéroit d'être traité comme un de ses enfans, souhaitant d'être accompagné d'un des

Princes ses fils lorsqu'il iroit à l'audience, & que les mêmes choses qu'il verroit faire à ce Prince, il les feroit aussi : que c'étoit uniquement en cette qualité qu'il étoit venu dans l'Empire, ne voulant en prendre d'autre pendant le séjour qu'il y feroit, suppliant seulement Sa Majesté de permettre que je pusse être à l'Audience.

L'Empereur parut content des sentimens du Roi Osmundar, & plus encore des conversations qu'il eut avec ce Prince en differens tems où j'eus l'honneur d'être present avec le Pere Jesuite dont j'ai parlé.

Osmundar connoissoit si bien les êtres du Palais, qu'il sembloit que c'étoit lui qui conduisoit les autres dans le lieu où on le menoit.

L'Empereur me fit la grace de souhaiter que je restasse à la Chine, Osmundar contribuoit sous main à cela.

Comme je vis que tout se disposoit à affermir le bonheur d'Osmundar, je pris la résolution de partir, suppliant leurs Majestez de m'en accorder la permission.

Je ne rapporterai pas ici tout ce qui se passa à ce sujet ; mon départ fut résolu, l'Empereur voulut que je m'en allasse par terre en Europe : la longueur de ce voiage auroit inquieté tout autre que moi, mais je connoissois la navigation de la Chine en Europe suffisamment pour n'y rien trouver de nouveau qui pût satisfaire ma curiosité naturelle. Il se presenta une occasion de traverser la Tartarie très commodement par le retour d'un Ambassadeur de Kutokutlama, suivi d'un de la Chine.

Je remerciai l'Empereur de ses bontez, & je fus joint à l'Ambassade qui étoit de six cens personnes : le Pere Jesuite Italien fut du nombre. L'Empereur prioit le Lama de me donner tous les secours nécessaires pour joindre la premiere Ville de l'Empire de Moscovie : ma destinée me porta à Samarkand, je traversai la Moscovie & la Pologne, d'où je me rendis heureusement dans ma patrie.

Je donnerai une Relation de tout ce qui m'est arrivé depuis la Chine jusqu'à Astrakam, qui, comme je me flatte, sera bien reçûe d'un chacun.

FIN.

TABLE
DES MATIERES
Contenues dans ce volume.

A

Ambassadeur de la Chine arrive à la Cour du Roi de Norreos, 253. a répugnance de parler avec l'Ambassadeur du Japon ; on les accorde, & est chargé d'une commission particuliere pour le Roi d'Arimond ; il connoît que la liaison entre les deux Rois est indissoluble, 254. s'en retourne avec l'Ambassadeur du Roi de Norreos à la Chine, 259.

Arimond (le Roi d') est outré du mariage de la fille du Roi de Norreos, avec le Roi de Nortbety, 68. envoie une lettre par un Herault au Roi de Nortbety, 103. reçoit la réponse de sa lettre par Arunder, 105. & *suiv.*

paroît devant le Roi de Norreos, rempli de mérite, & aimé de toute sa Cour, 109. reconnoît sa faute, rend son amitié au Prince de Nortbety, ratifie la paix, & fait une alliance entre les trois Couronnes, 109. & 110. Son armée attaque le premier les ennemis, 112. gagne la victoire avec ses Alliez ; le commerce fleurit, & se communique entre eux, 113. & suiv. embrasse son ami le Prince de Nortbety ; n'a pas le tems de commencer son histoire ; est averti que le Roi de Norreos se trouve mal ; va pour le voir, 157. arrive avec les Generaux ; complimente le Roi & la Reine ; leur prête serment, 159.

Description du choix à la dignité Roiale, 159. & suiv. fait venir des filles de son Roiaume, pour mettre dans le Couvent de Glantzby, 163. veut partir ; il arrive un Ambassadeur ; reste pour le voir ; on résout qu'il soit servi par des Muets jusqu'à nouvel ordre, 165. conte au Roi de Nortbety ce qui lui est arrivé dans son voiage, 166.

Il quitte le fil de son discours, 203. L'Empereur du Japon lui envoie un Ambaſſadeur pour ſe défaire de Glantzby, 205. eſt indigné de la lettre de l'Empereur, 210. conſent au mariage du Prince de Nortbety avec la fille de l'Empereur, 217. reprend ſon diſcours, 260. reçoit agréablement tout ce que ſon Conducteur lui dit dans tout ſon voiage, 260. & ſuiv. deſcend dans un Temple magnifique, où le ſouverain Maître y préſide, 267. Voit dans un Empire un Magiſtrat doué de toutes les vertus, qui peuvent orner l'homme; ſes qualitez, 293. & ſuiv. quitte ce lieu avec Famat, & joignent enſemble le ſage Vieillard, 311.

Il eſt réuni à ſon corps; part, rejoint ſes Etats, & viſite le principal Bonze du lieu où il ſe trouve, 311. reçoit un Ambaſſadeur de l'Empereur de la Chine, qui lui envoie un détachement de Cavalerie, commandé par un Mandarin, 312. arrive à la Cour; la reception qu'on lui fait, 314.

Arunder part de la Cour de Norbety avec le Herault du Roi d'Arimond, 106. propoſe le lieu du combat au Roi d'Arimond, qu'il accepte, *ibid.* Les deux Rois ſe battent, & le Roi de Nortbety a l'avantage sur le Roi d'Arimond, 107. & suiv.

B

Bleu (le Roi) est un homme victorieux, absolu, vigilant, & servant d'exemple à ses soldats, 97. a plusieurs Ambassadeurs des differens Rois chez lui, de bons Generaux, des Ministres peu fideles, & la fortune lui rit. 98. ses bonnes qualitez, son talent pour la guerre, établit un Roi sur les Etats vaincus, 99. Le sort de ce nouveau Roi est heureux, il a de bonnes qualitez, 100.

Bonzes (Prêtres du faux Dieu) viennent audevant du Roi, 37. se nourrissent de poissons, 39. se mettent en prieres pendant la nuit, par ordre du Roi, 42. sont tous grillez, 43. font passer la mere du Roi pour sorciere. 44. Les Bonzes de la Capitale sont très-mortifiez de cet accident, & prennent peu de part aux réjouissances, 45. veulent surprendre Glantzby, en mettant le feu à son Palais, 47. leur Temple est brûlé, 48. sont Conseillers d'Etat, 50.

ne se trouvent plus aux accouchemens des Reines & Princesses, 72. viennent en Corps pour reconnoître le jeune Roi, & lui baisent les pieds, 74.

Plusieurs Bonzes sortent du Roiaume, & les autres restent, 112. sacrifient à l'esprit infernal les femmes qui servent à leur brutalité, 168. trente-quatre d'entre eux sont écrasez, 170. ceux du Temple du feu sont bonnes gens, 189. Plusieurs s'en vont dans le Japon, & font une relation à l'Empereur de toutes les peines que Glaatzby leur avoit causées, 260.

C

CArimaquo (le Païs de) ; son climat, son étendue, mœurs, Religion, & naturel de ses peuples, 135. & suiv. La dissention se met entre toute la Cour après la mort de leur Monarque ; plusieurs brigues se font ; sa sœur est proclamée Souveraine ; on se soumet à la décision de l'assemblée du Païs 139. & suiv. Le Favori, le General avec l'Ambassadeur ennemi du Monarque, s'unissent ensemble, & se ren-

DES MATIERES. 325

dent Sujets d'un autre Roi très-vertueux, 141. & *suiv.* Leur Monarque meurt à la fleur de son âge, regretté de tous ses Sujets; ses qualitez, 143.

Carimaquois (un jeune homme) sort de son Païs, se retire dans un grotte, affligé du sort de sa Monarchie, 134. y est visité par Zenut & le Prince de Nortbéty, *ibid.* & *suiv.* conte son avanture, pleure & ne peut continuer son histoire, 143. On lui découvre un trésor ; veut embrasser Zenut, & ne trouve rien, 144 & *s.*

E

Ebunad, Fleuve, 238.
Edargleb, Ville Capitale de Jesso, *ibid.*
Empereur (l') de la Chine envoie un Ambassadeur à la Cour de Norreos, 253. est jaloux de l'alliance du Roi de Loriman avec l'Empereur du Japon ; renvoie un second Ambassadeur à la Cour, par où il invite le Roi d'Arimond de venir à la Chine, en lui offrant une de ses filles en mariage, 254.
Empereur (l') de la Chine envoie un Ambassadeur au Roi Osmundar, &

un Jesuite à sa suite, pour lier amitié avec Glantzby, 312. & suiv. tâche que Glantzby reste à sa Cour, 315. prie le Lama de secourir Glantzby, 317.

Empereur (l') du Japon envoie un Ambassadeur au Roi d'Arimond, 205. reçoit le Prince de Nortbety pour Ambassadeur, & lui offre sa fille en mariage pour ses belles qualitez, 216. fait voir contre l'usage à l'Ambassadeur & à Glantzby ses filles 218. marie une de ses Princesses à l'Ambassadeur ; on fait grandes réjouissances, 220. est en furie, & veut faire mourir son neveu ; la joie du mariage se change en tristesse, 223. & suiv. montre à son neveu les trois tableaux de ses filles, 225. fait enfermer sa fille aînée avec son neveu dans une cave remplie d'or, & y demeurent du tems, 226. se retire sans rien répondre ; fait appeller l'Ambassadeur & Glantzby, ce qu'il leur dit, 230. & suiv. assiege la Ville de Jeso ; le petit-fils de l'Empereur de la Chine y vient sur un nom supposé, 234. & suiv.

Il reçoit les Princes Volontaires à sa Cour ; accorde une amnistie géné-

DES MATIERES.

rale avec le pardon au Prince son neveu, 250. signale sa joie par le mariage du Prince de Nortbety Ambassadeur de Norreos, 251. jure alliance avec le Roi de Norreos, en présence de son Ambassadeur, & veut déclarer Roi Enequedom, 251. comble sa fille & son gendre de richesses immenses, 253.

Empire où les peuples sont toujours occupez à boire des liqueurs qui les enyvrent, 92. Le Souverain en étoit cruel ; est dépité d'avoir perdu plusieurs batailles contre le Roi Bleu, *ibid*.

Empire (l') des Forêts: description d'un Roiaume voisin de cet Empire, 95.

Enequedom, General de l'Empereur ; sa prudence, 243. s'entretient avec Kebrus par amitié, 244. *& suiv*. attaque l'ennemi, gagne & fait tourner leur batterie contre eux-mêmes, 246. *& suiv*. laisse trois jours aux Rebelles pour emporter leurs effets, & se rend maître d'Edargleb, 249. remercie les Princes Volontaires, 250. refuse un Roiaume des mains de l'Empereur, & préfere de mourir auprès de lui, 251.

Evas, Riviere, 242.

F

FAmat est le nom de l'esprit que le vieillard donne à Osmundar Roi d'Arimond ; fend les airs, s'approche du Temple d'une grande Ville ; description du Temple, & de ce qu'il contient, avec les mœurs & vies des Bonzes leurs Prêtres, 166. *& suiv.* forme une tempête horrible, le Temple se fend, & les 34 Bonzes sont écrasez, 170. *& suiv.* parcourt avec son Disciple les Etats de 34 Rois tributaires du Grand Lama, 173. lui donne explication sur tout ce qu'il lui fait voir, sur la Morale, la Religion, les mœurs, les vies & qualitez de toutes ces Nations, 174. *& suiv.* souffre en montrant à son Disciple les diverses Nations qui se rencontrent, & voiant les crimes horribles dont ils se rendent coupables, 190. *& suiv.*

Il quitte ces Contrées, le mene dans d'autres policées, & d'autres qui étoient en guerre, 195. *& suiv.* lui fait voir la difference de ces Solitaires, d'avec ceux des autres Païs, 200. se prosterne devant le souverain

DES MATIERES. 327

Etre en faveur de son Disciple, 201. exhorte son Disciple à veiller sur son Etat, quand il en prendra possession, & lui fait voir la triste situation d'un Roiaume abandonné, 261. & suiv. marche à la tête de tous les esprits soûterrains, 271. lui fait le recit de la situation des lieux, & de la vie des peuples de ces Contrées, 272. lui fait remarquer sur tout ce qu'ils voient, la maniere de vivre, & comme il faut qu'il agisse, &c. 274.

Il retire son Disciple d'un lieu où il souffroit, 283. sort & entre dans un Palais magnifique, où le Souverain est accompagné de plus de deux cens femmes, 284. Description de ce Palais, *ibid.* prend la figure d'homme, délivre une femme affligée, la remet entre les mains de son frere, 287. sa vûe ne peut penétrer jusques aux Venérables, 309.

G

GLANTZBY se joint avec des Avanturiers, 2. rencontre des Navires Japonois, 3. met pied à terre, & le Navire le laisse, 5. & suiv. pend une chemise à un arbre pour se reconnoître, 7. Description du climat du lieu, où il est laissé, 7. ne trouve plus sa chemise, 10. apperçoit trois hommes vêtus de robe; entre dans leur bateau, quitte son Isle, & s'en va avec eux, *ibid.* voit une autre terre, qui n'étoit separée de la sienne, que d'un bras de mer, 11. entre dans le bourg des Muets, ensuite dans une maison, 12. deux femmes lui baisent les pieds, *ibid.*

Description de la vie, mœurs & Religion du peuple de cette Contrée, 13. s'habille magnifiquement, & sort avec son hôte: le peuple s'assemble à l'entour d'eux, *ibid.* y joue du flageolet, 14. mange avec eux, *ibid.* tue un serpent de trente pieds, & y délivre un jeune homme qui lui servoit de proie, 16. met le feu au Bâtiment, où logeoit ce serpent, 17. embrasse les deux Vieillards, *ibid.* reçoit celui qu'il avoit délivré avec son pere, & les trois qui l'avoient emmené, 18. se fait respecter comme un Dieu, aiant son phosphore sur sa poitrine, qui éclairoit pendant la nuit, & guérit le jeune homme qu'il avoit délivré du serpent, *ibid.* apprend à ses domestiques à rotir la viande, & faire des bouillons, 19.

vit paisiblement dans cette Isle pendant six mois ; y est troublé par six hommes Etrangers, n'aiant de la barbe que d'un côté, *ibid.* suit malgré lui des Etrangers qui enlevoient cent jeunes garçons, qui campent en corps séparé, 20. arrive dans leur Ville, s'étant attiré l'amitié de ses propres ennemis, 21.

Description du lieu où il arrive, *ibid.* y guérit une Princesse parente du Roi de ce peuple, 22. fait une proposition au Roi qui en fremit, *ibid.* y tue un second serpent leur Dieu, avec son fusil, 23. brûle la cervelle d'un coup de pistolet, d'un des Prêtres du serpent qui lui avoit décoché une fleche, *ibid.* Le Roi avec sa cour vient à lui, & demeure avec ce Prince, *ibid.* fait mettre le feu par ses Muets au Temple du serpent, 24. Le peuple se prosterne devant lui ; guérit plusieurs personnes ; prend logement au Palais, & va partout avec le Roi, *ibid.* Le Roi lui donne une Princesse sa parente en mariage, 25. la cérémonie de leur mariage, *ibid.* guérit un des Officiers de ce Prince, & le marie, 26. apprend le François à son épouse, *ibid.* Des Prêtres du serpent il en fait des garçons Aporicaires, 27. mangeoit avec le Roi, & son épouse étoit son interprete ; nul ne l'approchoit, qu'il ne fit le signe de la Croix, 28.

Apprend à jouer du carillon, 31. montre à son épouse à jouer du flageolet, & à cinq oiseaux à chanter, *ibid.* Le Roi de Norreos envoie le demander par un Ambassadeur au Roi de Noribet, il l'aimoit tendrement, 33. part pour joindre le Roi de Norreos, & l'Ambassadeur reste pour ôtage, 34. Le Roi l'accompagne en chassant jusques sur la Frontiere, *ibid.* emmene ses fideles muets avec lui, & quitte cette Ville au grand regret du peuple, 35. s'habille en Européen, *ibid.* étant à l'autre bord, il monte dans un chariot, entre le Roi & ses femmes enfermées dans des cages couvertes, 36.

Description des peuples, de leurs mœurs & leur Religion, 36. *& suiv.* laisse sa femme découverte, *ibid.* remet l'épaule à un homme, 37. entre dans le Temple, y voit une très-vilaine foure dans une niche dorée, *ibid.* voit au haut de l'édifice un sac, des lunettes d'Europe contre le mur, avec des croix à la muraille, 38. touche à tout malgré la défense de la loi, y fait regarder le Roi & sa suite, *ibid.* fait accommoder par les muets des poissons à sa mode, que le Roi & les Bonzes trouverent bons, 39.

Etant entré dans le Temple, il descend le sac, où il trouve choses remarquables, 40. *& suiv.* demande au Roi que ses Bonzes passent la nuit en prieres, 42. il y passe lui & sa femme la nuit, & prouve au Roi l'immortalité de l'ame, *ibid.* met un baril de poudre sous la niche de l'Idole, *ibid.*

Le Temple est enflammé, & les Bonzes dedans furent tous grillez, 43. *& suiv.* fait planter une croix à la place du Temple brûlé, *ibid.* ce qu'il en dit, 45. est surpris par le feu mis par les Bonzes à son Palais, 46. *& suiv.* en tue deux de son fusil, le peuple vient à son secours, & ses muets emportent ce qui lui appartenoit, 47.

Il empêche que les Bonzes ne soient exterminez par ordre du Roi,

48. description de leur maladie, 49. & de leurs richesses, 50. leur apprend à rafiner l'or, *ibid.* presse le Roi de le laisser retourner dans le Roiaume de Notibet, 54. signification de son nom, 58.

Il donne avis au Roi contre les Rebelles, 60. *& suiv.* fait un Magasin de poudre, 62. part avec une troupe de cent hommes, fait couper des arbres, & en fait une espece de canon & fusées, *ibid. & suiv.* Relation du combat, 63. *& suiv.* Le Roi vient à son secours, & le peuple reclame la clemence du Roi ; on fait mourir les Chefs, 65. devient favori du Roi de Nortbety, & travaillent ensemble à former des troupes, 69.

Il fait faire des drapeaux & caisses à la mode d'Europe, 70. accouche la Princesse fille du Roi de Norreos, & fait un discours aux soldats, 72. est embrassé par le Roi & le Prince son gendre, 73. prend soin du jeune Roi, 74. fait tirer les rues du camp au cordeau, il donne avis aux deux Souverains, pour détruire les Bonzes, 76.

Il fait construire des machines,

DES MATIERES.

qui pouffoient des traits, & jettoient des pierres, à la façon des Anciens, 77. panse le Roi d'Arimond de ses bleffures, lui arrache le fer de sa plaie, & le saigne, 108. vit à son particulier, & passe dix années consecutives avec plaisir, en augmentant les richesses de ces peuples, 114. *& suiv.*

Il ne s'occupe auprès du Roi Lorimand ; sa femme meurt, l'embaume, l'enterre dans le nouveau Temple, & fait un croix sur sa tombe, 162. on le veut remarier, il tint ferme, établit un Monastere de filles pour soulager les malades, à qui il apprit ses remedes, 163. console l'Interprete de l'Ambassadeur Japonois, 205. *& suiv.*

Il donne avis de tout ce qui se passe au Roi d'Arimond touchant l'Ambassadeur Japonois, 209. *& suiv.* lui fait recit des mœurs, vies & coutumes du Japon ; propose une Ambassade pour l'Empereur ; on choisit le Prince Nortbety, & on retient l'Ambassadeur Japonois en ôtage, 211.

Il est du voiage de l'Ambassadeur au Japon ; description du voiage, & de sa reception, 212. & suiv. presente la Lettre de créance par les mains de l'Ambassadeur, 213. sert le Prince Nortbety Ambassadeur, & répond à l'Empereur du Japon, 216. & suiv. joue de son flageolet, le Prince l'accompagnant de sa voix, & fait chanter un oiseau devant toute la Cour & l'assemblée, 219.

Il donne son oiseau à la Princesse épouse du Prince Nortbety, 221. panse le neveu de l'Empereur blessé par l'Ambassadeur, 223. sa réponse à l'Empereur du Japon, 231. & suiv. accompagne à l'armée le petitfils de l'Empereur de la Chine, & l'Ambassadeur, 236. & suiv.

Son discours au Conseil, 255. & suiv. ce qu'il demande pour son retour lui est accordé, 257. instruit l'Interprete de l'Empereur de la Religion Chrétienne avec deux de ses domestiques, 258. fait ses adieux à la Cour de Norreos, & s'embarque, 259.

Il engage le Roi Osmundar d'avoir de la déférence pour le Mandarin, & pour le Pere Jesuite, 313. arrive à Pekin, 314. est present à toutes les audiences que l'Empereur de

DES MATIERES. 335
la Chine donne au Roi Osmundar, 315. son départ est résolu ; il a occasion de l'Ambassadeur de Kutokut-lama pour faire son voiage ; il remercie l'Empereur, 316. arrive à Samarkand en Moscovie, 317.

I

Azo (le Roi) se joint au frere de l'Empereur, 233.
Idole ou Statue périe par le feu qui prit au Temple, 44.
Jesso est assiegée par l'Empereur, 234.
Jesso (Roi de) demande la paix, elle lui est accordée sur condition, 249. & suiv.
Indiens, traitres & perfides, 12.

K

Kebrus, Officier du petit fils de l'Empereur de la Chine, accompagne le Prince dans son voiage, 235. se trouve avec Glantzby, lie amitié, & sont inséparables, 236. & suiv. ce qu'il dit à Equencdom Général de l'Empereur, 244. & suiv.

L

L*Ama* idole, dans quel payis il eſt reſ-pecté, 38. & 172.
Lorimand Prince de Nortbety, *voiez* Nortbety.

M

MOntagnards (les) ſe mettent en campagne, conduiſent avec eux des Vaches, ſe nourriſſent de lait, troupes ſans ordres, & peu regiées, 130. & *ſuiv.* leur colere tombe ſur le Chef qui cauſe la guerre, 132.

N

NOrreos (jeune Roi de) ſa naiſſance; on lui donne trente hommes de garde ſous l'ordre du mari de ſa nourice, 75. & trente autres du Roiaume de Nortbety, *ibid.* La Princeſſe repaſſe avec ſon fils la riviere, & le Prince reſte avec ſon armée, *ibid.* elle eſt reconnue Reine aiant ſon fils entre ſes bras, le fils aîné du Prince Nortbety lui prête ferment, & le reſte de l'armée l'éleve ſur le char, 159.

Norreos

DES MATIERES. 337

Nerreos (Roi de) envoie un Ambassadeur au Roi de Notibet pour lui demander Glantzby, & lui déclarer la guerre, s'il ne le lui envoie, 33. met une armée sur les frontieres, crainte de refus, *ibid.* laisse en ôtage son Ambassadeur, pour avoir Glantzby, 34. a une entrevûe avec le Roi de Notibet, & se font amitié, 35. Le Roi met Glantzby entre lui & ses femmes, 36. Ce Roi est né d'une femme trouvée au bord de la mer en pamoison, 37. Le Roi embrasse Glantzby, 39.

Il reste deux jours devant le Temple avec ses femmes, *ibid.* Le Roi lui demande ce que c'étoit que ce Livre, 41. *& suiv.* ordonne aux Bonzes de se mettre en prieres pendant la nuit, 42. La mere du Roi passe pour une sorciere, 44. Il envoie des couriers dans ses villes, pour faire faire des réjouissances, 45.

Il veut exterminer les Bonzes, 48. établit des Hôpitaux dans sa Capitale pour les malades, & fait fournir à leurs besoins, 50. quitte son Conseil, parce que les Bonzes y avoient place, comme Conseillers d'Etat, *ibid.* reprime les Bonzes &

les Grands de leur insolence, 51. L'état & situation du lieu, les vies & mœurs de son peuple, *ibid. & suiv.* il est troublé par une Nation rebelle du côté de la mer, 59.

Il envoie un Ambassadeur aux Rebelles, 61. donne à Glantzby une troupe de cent hommes, 62. vient au secours de Glantzby, 64. donne sa fille en mariage au Roi des Rebelles, & le fils du Roi vaincu est donné pour ôtage ; la cérémonie du mariage se fait sur le champ, *ibid.*

Il veut que son gendre le suive à Norreos, 68. se trouve incommodé, & meurt d'apoplexie ; il est embaumé, porté à l'armée, & brûlé devant tous ses soldats ; son deuil, ses obseques, 157. *& suiv.*

Northbety (Roi de) Description du climat de son Roiaume, 67. est charmé qu'on se prépare à lui faire la guerre, 69. met 50000 hommes de cavalerie, 120000 hommes d'infanterie sur pied, 70. fait construire un Fort, 71. La Princesse son épouse accouche d'un fils se promenant en chariot, 72. lui donne pour nourrice la femme d'un de ses Généraux, & le fait appeller le jeune Roi de Norreos, 73.

Il fait le recit de sa vie, & du voiage qu'il fit avec le Roi d'Arimond, pour consulter un Sage d'entre les montagnes, 78. *& suiv.* il prend la figure du Roi Bleu, & se trouve à la tête de plusieurs bataillons, qui font merveilles, 99. quitte l'armée du Roi Bleu, & passe dans les Cours voisines, 101.

Il quitte son Histoire, & reçoit une Lettre du Roi d'Arimond par un Hérault, 103. Une figure gigantesque lui fait la lecture de la Lettre en présence de ses Généraux, *ibid. & suiv.* ordonne qu'on regale ce Hérault; fait passer son armée devant lui, & lui donne un des siens pour porter la réponse, 104. fait donner un present considérable à ce Hérault, & donne sa réponse à un Capitaine des Gardes, 105. *& suiv.*

Il est vainqueur de son ennemi, 108. ne permet pas qu'on fasse aucune réjouissance, sa moderation, 109. introduit les bonnes mœurs dans plusieurs terres d'Orient, 122. Description du climat: mœurs, vie & Religion de cette contrée, *ibid.*

F f ij

& *suiv*. Il voit un combat naval, où la perte des deux côtez est égale, 125. arrive à la demeure d'un des sages Vieillards, l'ami de son maître est surpris de le voir, 126.

Il est consolé par ce Vieillard, 127. s'afflige d'être obligé de reprendre son corps, 147. reste seul avec le Vieillard dans le Temple, 152. reprend son corps, & deserte le Temple jusqu'à ce que les vingt-cinq ans soient écoulez, & mange de tous les fruits de cette demeure, 152. Description de cette demeure, 153. il en sort les vingt-cinq ans écoulez ; le Vieillard l'embrasse, il retrouve un équipage, de l'or, & de quoi se nourrir, *ibid*. Etant arrivé, trouve son frere aîné qui se mouroit, lui rend les derniers devoirs, & monte sur le Trône ; fait un discours au Roi d'Arimond, 154. & *suiv*. refuse le Roiaume de Norreos ; prend place à côté de la Reine, & jure avec Osmundar de nouveau une amitié éternelle; consacre au Maître de la lumiere le Temple bâti du consentement du Vieillard, 160. & *suiv*.

Il est nommé Ambassadeur auprès de l'Empereur du Japon par le Roi

DES MATIERES. 341
d'Arimond, 211. accepte sa fille en mariage, 216. se prosterne au pied de l'Empereur, lui demande la Princesse, sur laquelle l'oiseau s'étoit reposé, l'accepte; le mariage se fait au grand applaudissement de toute la Cour, 220. se bat avec le neveu de l'Empereur; a l'avantage, & demande grace pour son ennemi, 223. demande à l'Empereur la permission de parler au Prince blessé; discours qu'il lui tient, 227. & suiv. rend réponse à l'Empereur de sa conversation avec le blessé, 230.

Il prie les Princes Volontaires de passer dans le Roiaume de son pere; s'y rendent; leur voyage, 252. & suiv. se rassure, & revient de l'erreur où il étoit plongé, 255. nomme un Ambassadeur pour remercier l'Empereur de la Chine, & pour accompagner Osmundar à Pekin; répond au discours de Glantzby, 256. & suiv.

Notibet (Roi de): on lui amene cent jeunes garçons liez, qu'il commande de mettre en liberté, 21. parle aux Vénérables, *ibid.* presente une fille incommodée à Glantzby pour la guérir, 22. frémit à la proposition de Glantzby, *ibid.* fait saisir un des

Ff ij

nouveaux venus, & l'expofer tout nud pour être dévoré par un ferpent leur Dieu, 13. vient avec fa Cour à Glantzby, & lui tend la main, *ibid.* lui donne fa parente en mariage, 25. fait jetter un de fes Officiers du balcon en bas, 26. diftribue aux Vieillards & néceffireux de quoi les foulager, *ibid.* Ses fujets font à genoux devant lui, tant hommes que femmes, 27. il a fouvent Glantzby à fa table, *ibid.*

Defcription de la vie, des mœurs de ce Prince, & du climat de fon Roiaume, 28. reçoit un Ambaffadeur avec fa fuite, 32. eft trifte, 33. n'eft pas fi fort que le Roi de Norreos, *ibid.* L'Ambaffadeur refte pour ôtage au Roi, 34. il a entrevûe avec le Roi de Norreos, & fe font amitié, 35. pleure en quittant Glantzby, 36. meurt, & fon Roiaume eft remis au Roi de Norreos, lui étant tributaire, 55. L'Ambaffadeur qui avoit refté pour ôtage auprès du Roi, meurt, *ibid.*

O

OSmundar, Roi d'Arimond, *voiez* d'Arimond.

P

P*Hosphore* (le), maniere de globe ou bouteille dont Glantzby se servoit pour être éclairé pendant la nuit, 18.

Pontife (le Grand) gouverne le Temple du souverain Maître, 267. *& s.*

R

R*Ebelles* (les) se réunissent pour attaquer l'armée Impériale, 241. paroissent sur une hauteur pour reconnoître les retranchemens, & ouvrent la tranchée, 242. sont battus, & se retirent, 247. *& suiv.* leur General capitule, & on rend la Ville, 249.

S

S*Acrificateur* (un); suites d'une guerre dont il est cause; son ambition, 129. *& suiv.*

Sacrificateurs changez en Spectres affreux, 283. souffrent de cruels tourmens, 284.

Sebmond, petit-fils de l'Empereur de la Chine, vient *incognitò* à l'armée de l'Empereur du Japon ; ses qualitez, 235. remporte les principaux prix, 251.

Sembrondon, Ambassadeur, est envoié au Roi d'Arimond par l'Empereur du Japon, 205. se présente, & donne sa Lettre decréance, 209. se retire comme il est venu ; on le traite magnifiquement, 210.

Serpent (Dieu) du Bourg des Muets, aiant plus de trente pieds de long, avale un jeune homme par les pieds, 15. est tué par Glantzby qui lui brûle son bâtiment, 17.

Serpent (Dieu) de la Contrée de Notibet, tué par Glantzby qui lui brûle son Temple, 23. & *suiv.*

Sodrom, Grand Bonze, met pour Eunuque Arnom, qui ne l'est pas, & facilite l'entrée des appartemens au Prince neveu de l'Empereur, auprès des Princesses ses filles, 228. & *suiv.* arme puissamment avec le pere du blessé, 233. a des partisans dans toutes les Villes de l'Empereur, 234. est tué à la bataille avec le frere de l'Empereur, 249.

T

Temple du Serpent-Dieu, 23.

Temple consacré par le Roi Loriman au Maître de la lumiere, 161.

Temple où le souverain Maître préside, & comme il est gouverné, 267. & *suiv.*

Temple où l'Etre suprême habitoit; les qualitez des personnages qui le servoient, 304. & *suiv.*

Temple où il y a la plus grande partie des richesses de la terre; le Trèshaut y est adoré par des pélerins, & comment, 306. & *suiv.*

V.

Venerables (trois hommes) étoient encore plus parfaits que le Vieillard de la Montagne, 308. marchent à la tête des Nations purifiées; & leurs fonctions, 309.

Vieillard (un des sages) est visité par les Princes de Nortbety & d'Arimond, 88. devient Chef du Service divin, & reçoit une Ambassade des trois Roiaumes, 110. Plusieurs contredits arrivent entre les Confederez,

111. envoie pour réponse qu'il accepte le titre de Grand Prêtre des trois Roiaumes, pourvû qu'on veuille adorer le Dieu du ciel, 112. promet la victoire aux Princes, agissant avec sagesse, *ibid.*

Vieillards (les quatre) sur les quatre plus hautes montagnes du monde, 123. prient journellement pour le genre humain & leur conservation, 146.

Vieillards (un des quatre) reçoit Zenut & le Prince de Nortbety, 126. donne à Zenut le premier rang entre les bienheureux, 127. veut que Nortbety demeure separé de son corps, pour être témoin de la reception de l'esprit du Roi de Norreos, 159. *& suiv.* permet qu'on bâtisse un Temple à la place où le Roi avoit été réduit en cendres, & leur donne des marques de sa protection, 160. donne au Roi d'Arimond un Conducteur, nommé Famat. 166.

Vierges, qui servent à la brutalité des Bonzes, ensuite sacrifiées au Dieu infernal, 169. *& suiv.*

Usurpateur tourmenté horriblement par des esprits mauvais, meurt, est enlevé par d'autres esprits impurs, 310.

Y.

Y*Erem*, General Japonnois, découvre un ancien canal, 258.

Z

Z*Erut*, esprit qui avoit vécu autrefois, devenu compagnon du Prince de Nortbety; l'exhorte à n'être jamais cruel, 92. l'instruit sur tout ce qu'il lui fait voir, 94. *& suiv.* quitte ce Roiaume après avoir fait considerer tout ce qu'il y avoit à remarquer, & fend les airs avec le Roi de Nortbety, 97. joignent le lieu où étoit l'armée des deux Couronnes; tout s'y passoit très-exactement. *ibid.* lui fait voir les défauts du Roi Bleu, 98. lui fait une morale sur le destin des humains, 100. le fait entrer dans tous les Conseils; y voit jusqu'où alloit la fourberie & la trahison des Ministres, 102. *& suiv.* lui fait voir le bord de la mer, 115.

Description de cette Contrée, 116. *& s.* Il lui fait plusieurs exhortations sur ces sortes de Nations, & principalement sur la Reine qui regnoit dans ce tems-là, 120. ne lui montre que le bon & le mauvais de ce qui lui pouvoit être utile, 121. lui apprend qu'il y a quatre Vieillards sages sur les quatre hautes montagnes du monde, 123. le fait monter sur toutes sortes de Vaisseaux pour en voir la manœuvre ; la maniere de vivre de ces Nations, leurs esprits & leurs intérêts, 124. lui en fait une morale, 125.

Il le mene chez un des quatre Vieillards, amis de son Maître, 126. tient auprès de ce Vieillard le premier rang d'entre les bienheureux, 127. change de Nation, y demeure plus longtems que les autres ; a description de ce Païs, 128. & suiv. lui montre la difference des autres Nations, & lui en fait la morale, 132. entre avec Nortbety dans une grotte, où étoit un jeune homme ; recit de ce qui s'y passe, 134. & suiv. exhorte le Solitaire à retourner dans sa Patrie, & lui donne avis de ce qui s'y passe, 144. montre un trésor au Solitaire, qu'il lui donne, & instruit son Disciple sur tout ce qui se présente à sa vûe, 145. & suiv. quitte ce lieu, & conduit le Prince

DES MATIERES. 349
Nortbety dans un Palais magnifique; description de ce Palais; les qualitez du Roi qui l'habite, & sa conduite; un Ambassadeur des plus grands Rois lui fait hommage, 148. conduit Nortbety dans la chambre de ce grand Roi pour le voir mourir: fendent les airs ensemble, & se rendent auprès du Vieillard, 150.

Fin de la Table.

APPROBATION.

J'Ai lû par l'ordre de Monseigneur le Garde des Sceaux, le present Manuscrit qui a pour titre : *Les Voiages de Glantzby dans les Mers Orientales de la Tartarie, &c.* A Paris le 24 Mai 1728.

LE NOBLE.

PRIVILEGE DU ROY.

LOUIS par la grace de Dieu Roi de France & de Navarre: A nos amez & feaux Conseillers les Gens tenant nos Cours de Parlement, Maistres des Requestes ordinaires de notre Hôtel, Grand Conseil, Prévôt de Paris, Baillifs, Sénéchaux, leurs Lieutenans Civils, & autres nos Justiciers qu'il appartiendra, SALUT. Notre bien amée la Veuve de FLORENTIN DELAULNE, Imprimeur & Libraire à Paris, nous aiant fait supplier de lui accorder nos Lettres de permission pour l'impression des *Voyages de Glantzby dans les Mers Orientales de la Tartarie, & les Avantures surprenantes des Rois Loriman & Osmundar Princes Orientaux, traduits de l'Original Danois*; offrant pour cet effet de les faire imprimer en bon papier & beaux caracteres, suivant la feuille imprimée, & attachée pour modele sous le contrescel des Présentes : Nous lui avons permis & permettons par ces Présentes, d'Imprimer ou faire imprimer lesdits Voiages ci-dessus specifiés, en un ou plusieurs volumes, conjointement ou séparément, & autant de fois que bon lui semblera, sur papier & caracteres conformes à lad. feuille imprimée & attachée pour modele sous notredit Contrescel ; & de le vendre, faire vendre, & débiter par tout nostre Royaume pendant le tems de trois années consécutives, à compter du jour de la date desdites Presentes. Faisons défenses à tous Imprimeurs, Libraires & autres personnes, de quelque qualité & condition qu'elles soient, d'en introduire d'impression étrangere dans aucun lieu de nôtre obéïssance; A la charge que ces Présentes seront enregistrées tout au long sur le Registre de la Communauté des Imprimeurs & Libraires de Paris, dans trois mois de la date d'icelles; Que l'impression de ce Livre sera faite dans nôtre Roiaume & non ailleurs; & que l'Impetrante se conformera en tout aux Reglemens de la Librairie, & notamment à celui du dix Avril 1725. & qu'avant que de l'exposer en vente, le manuscrit ou imprimé qui aura servi de copie à l'impression dudit livre sera remis dans le même état où l'approbation y aura été donnée, ès mains de notre tres cher & féal Chevalier Garde des Sceaux de France le Sieur Chauvelin; & qu'il en sera remis deux exemplaires dans notre Bibliotheque publique, un dans celle de notre Château du Louvre, & un dans celle de notredit tres-cher & féal Chevalier Garde des Sceaux de France le Sieur Chauvelin, le tout à peine de nullité des Présentes; du contenu desquelles vous mandons & enjoignons de faire jouïr l'Exposante ou les ayans cause, pleinement & paisiblement, sans souffrir qu'il leur soit fait aucun trouble ou empêchement : Voulons qu'à la copie desdites Presentes, qui sera imprimée tout au long au commencement ou à la fin dudit Livre, foi soit ajoûtée comme à l'Original : Commandons au premier notre Huissier ou Sergent de faire pour l'execution d'icelles tous Actes requis & necessaires, sans demander autre permission, & nonobstant Clameur de Haro, Charte Normande, & Lettres à ce contraires ; C A R tel est notre plaisir. D O N N E' à Paris le vingt-deuxiéme jour de Juillet l'an de grace mil sept cens vingt-neuf, & de notre Regne le quatorziéme. Par le Roi en son Conseil,

S A I N S O N.

J'ai fait part au Sieur le Gras mon frere du Privilege ci-dessus. A Paris ce 26 Juillet 1729. La Veuve DELAULNE.

Legistré, ensemble la Cession, de l'autre part, sur le Registre VIII. de la Chambre Royale des Imprimeurs & Libraires de Paris, N°. 402. fol. 345. conformément aux anciens Reglemens confirmez par ceux du 28 Février 1723. A Paris, le deux Aoust mil sept cent vingt-neuf. P. A. LE MERCIER, Syndic.

De l'Imprimerie de la Veuve DELAULNE.

www.ingramcontent.com/pod-product-compliance
Lightning Source LLC
Chambersburg PA
CBHW050732170426
43202CB00013B/2263